仮面ライダーセイバー 聖刃
Bungo × Kengo book
物語を紡ぐ手

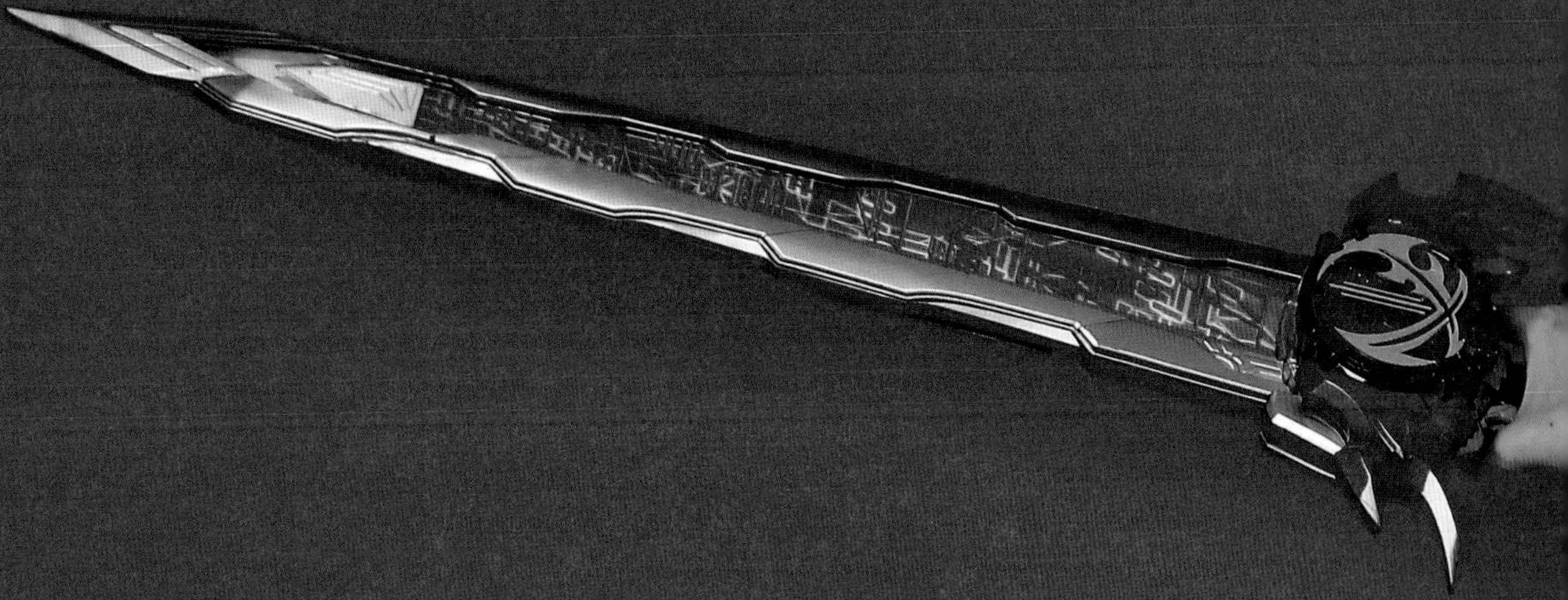

ただの小説家と編集者、
剣士たちが出会って、それから……？

KAMEN RIDER SABER MAIN CAST PHOTO ALBUM

内藤秀一郎 as 神山飛羽真

火炎剣烈火

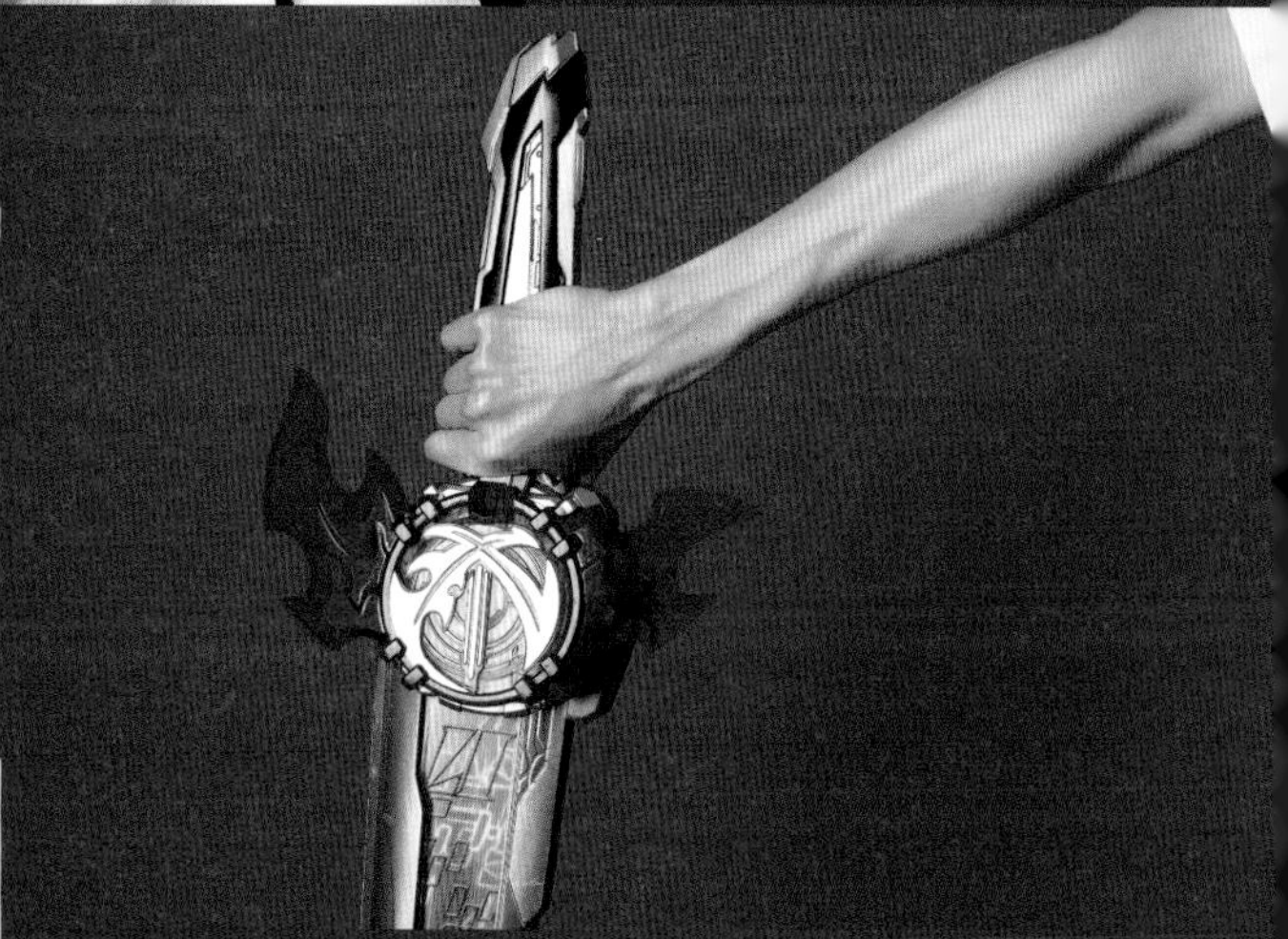

山口貴也 as 新堂倫太郎
水勢剣流水

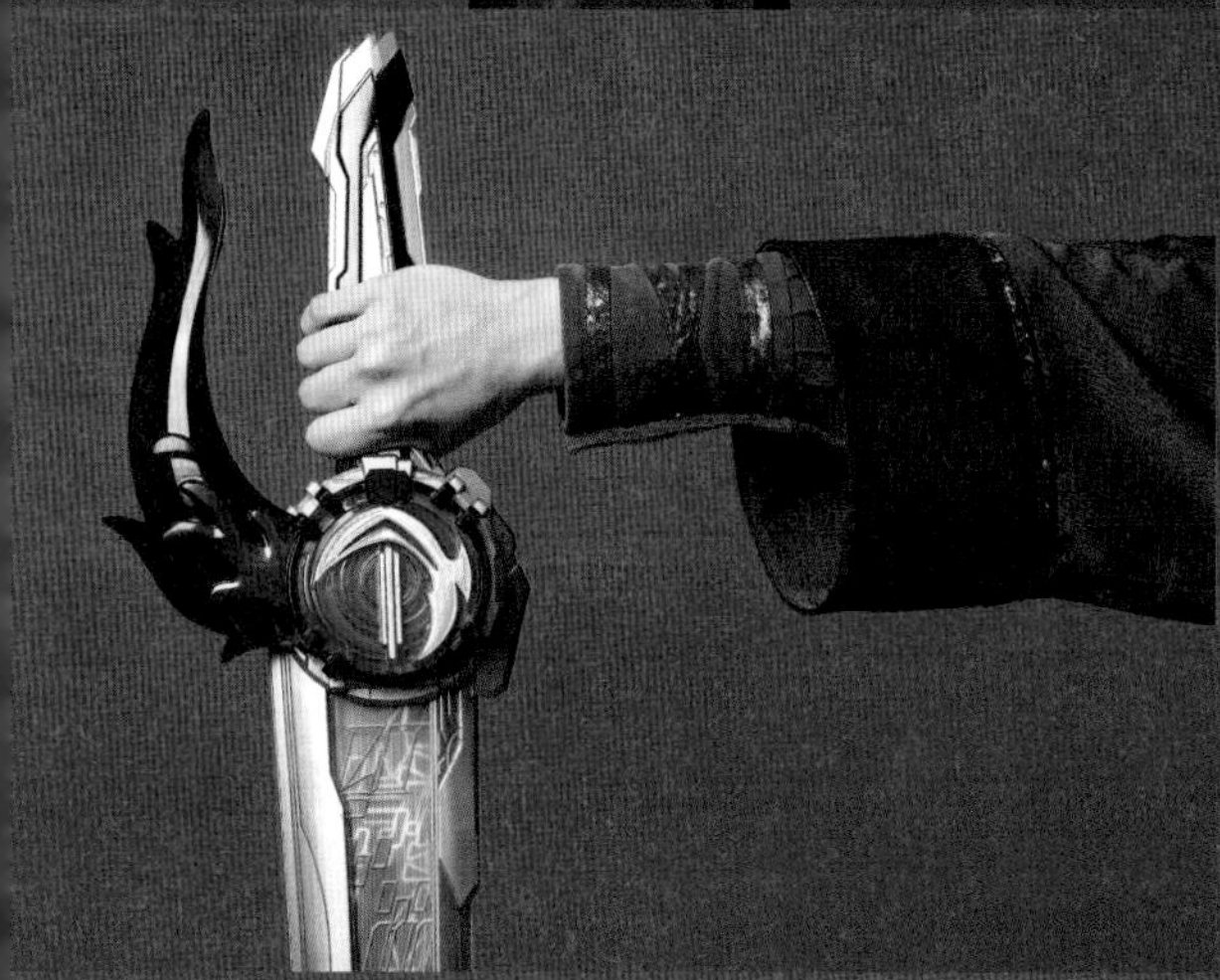

青木 瞭 as 富加宮賢人
雷鳴剣黄雷

生島勇輝 as 尾上亮
土豪剣激土

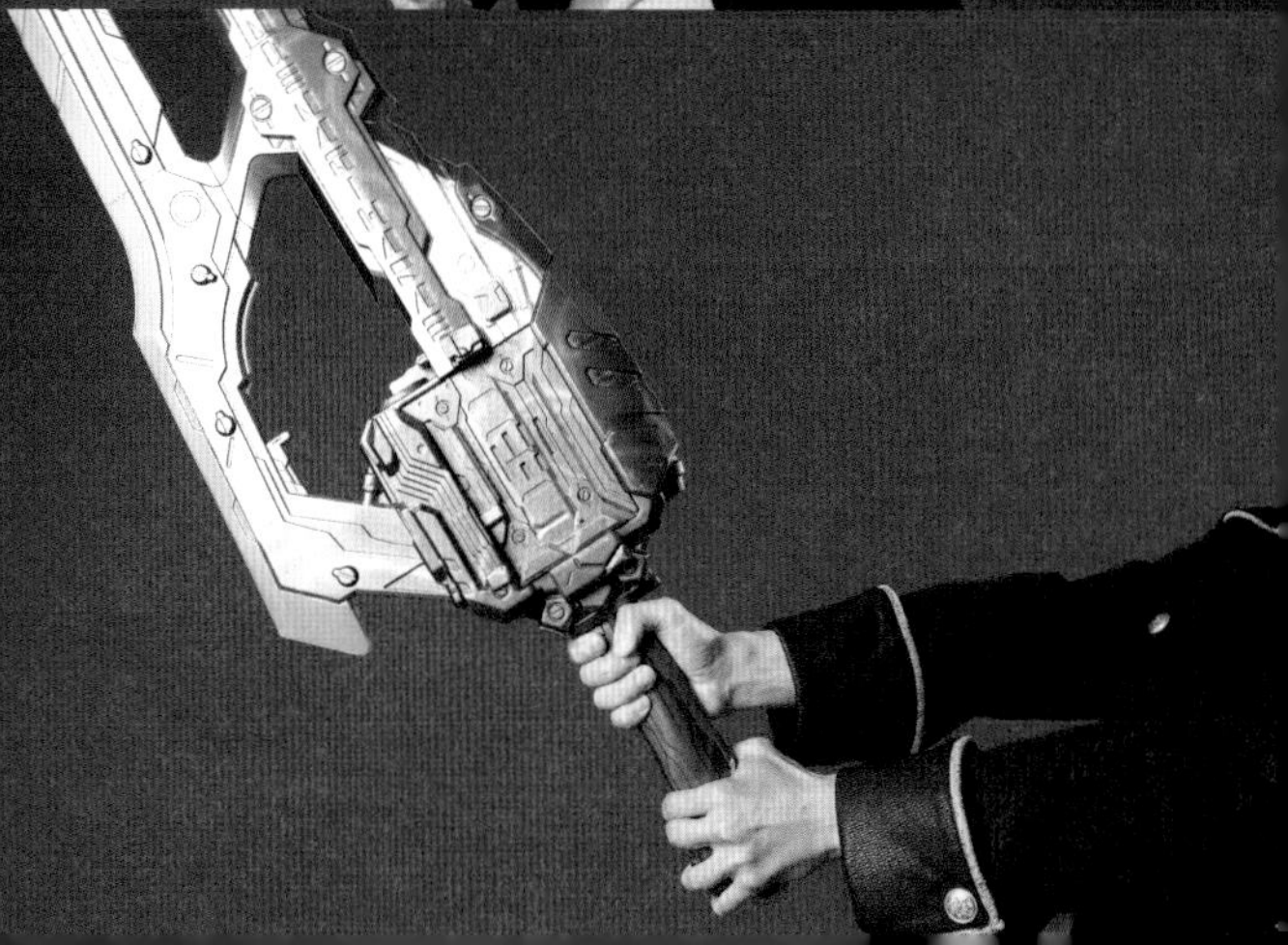

富樫慧士 as 緋道蓮

風双剣翠風

岡 宏明 as 大秦寺哲雄

音銃剣錫音

市川知宏 as ユーリ
光剛剣最光

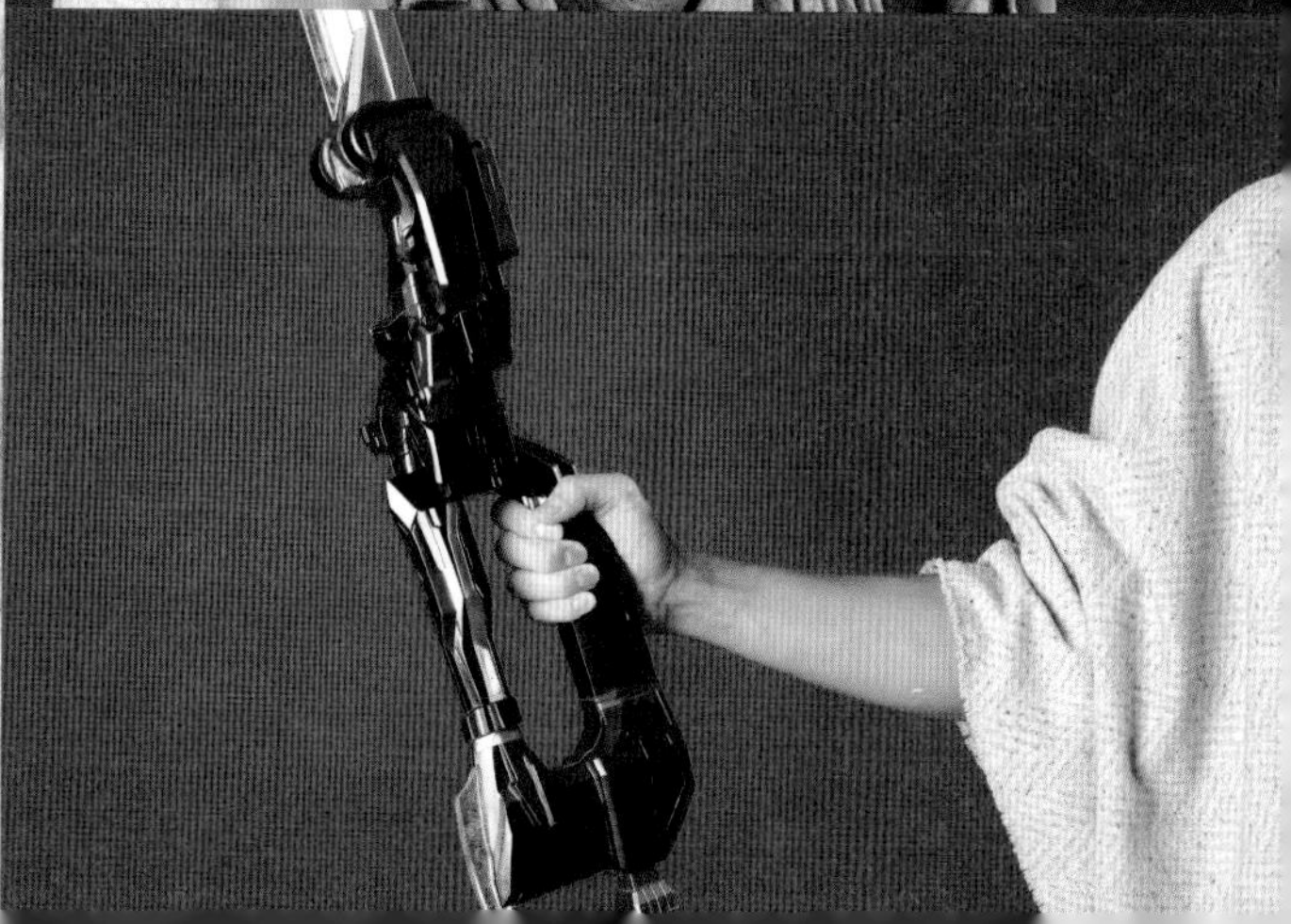

アンジェラ芽衣 as 神代玲花

煙叡剣狼煙

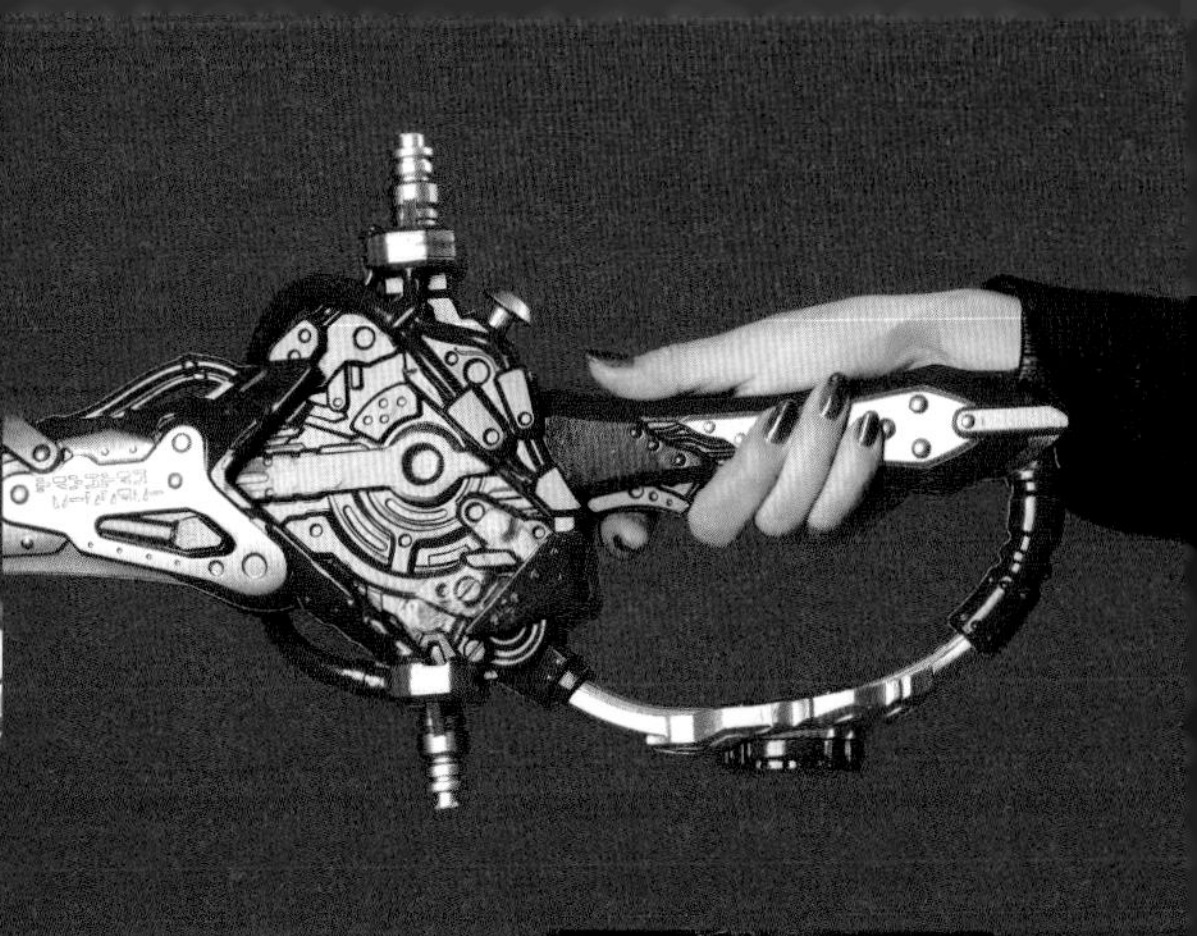

庄野崎 謙 as 神代凌牙
時国剣界時

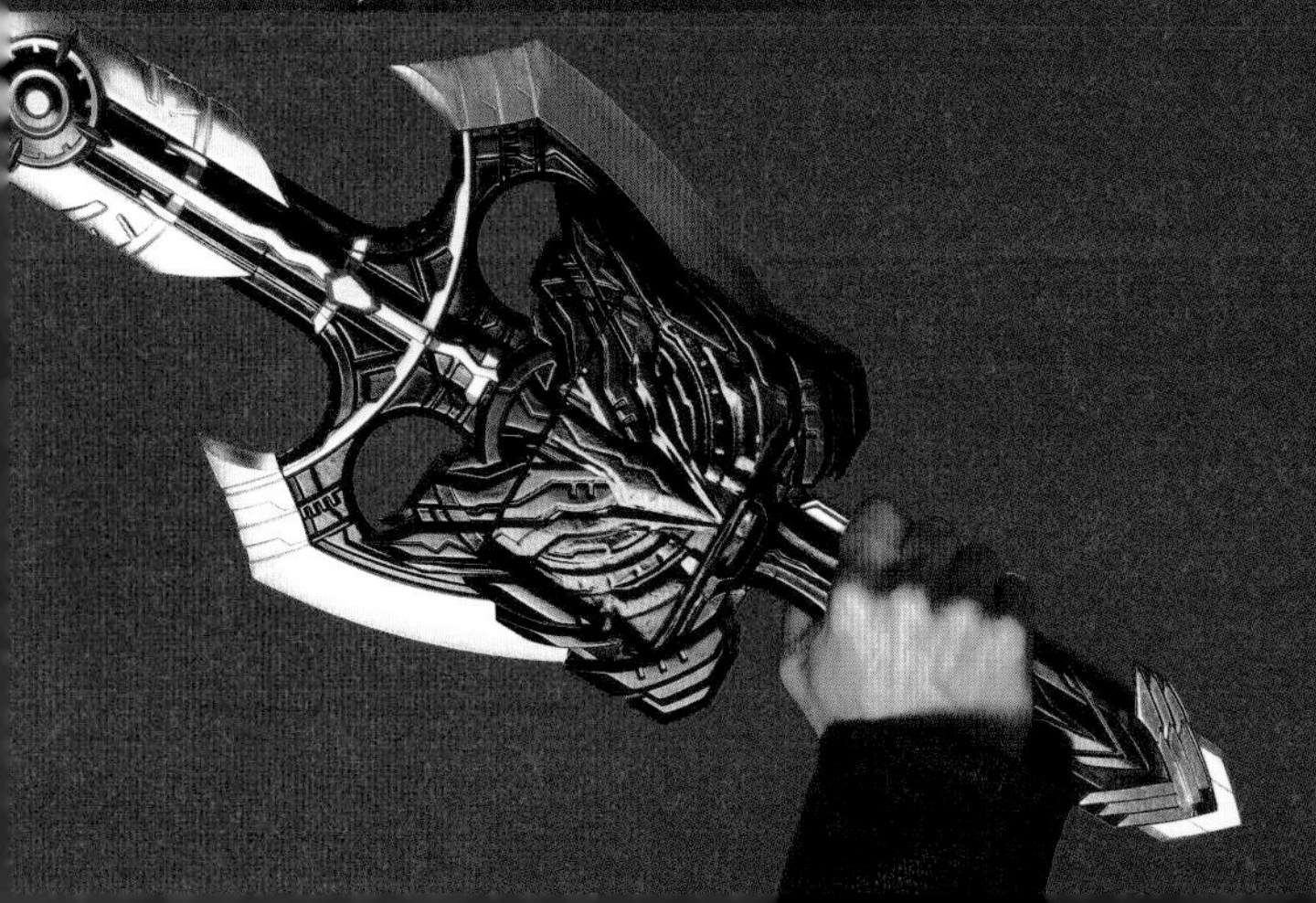

古屋呂敏 as ストリウス
ビルガメート

川津明日香 as 須藤芽依

神山飛羽真　かみやま とうま
小説家。著書に「ロストメモリー」「ワンダーストーリー」他。ファンタジージャンルを得意とする。
「月刊グリム」（ビブリオユートピア出版）にてエッセイを連載中。「ワンダーストーリー」では最年少で長谷川一圭賞を受賞している。

第一章　小説家、神山飛羽真とは。

内藤秀一郎×川津明日香

『神山飛羽真／仮面ライダーセイバー役』

『須藤芽依 役』

小説家と編集者という仕事上のパートナーであり、仮面ライダーとして戦う剣士とその仲間でもあった飛羽真と芽依。『仮面ライダーセイバー』の主人公&ヒロインコンビを演じた内藤秀一郎と川津明日香が、この1年を通じて育んだ関係性と、ともに紡いできた2人の物語を振り返る。

撮影◎遠山高広（MONSTERS）
取材・構成◎齋藤貴義

飛羽真と芽依は恋には落ちない？

――飛羽真と芽依ちゃんは不思議な関係でしたね。

内藤　最初は、やっぱりヒロインと主演だからくっつくんじゃないかって思ってたとこがあって……。

川津　わかる！

内藤　設定上、小説家と編集者で、恋に発展しないこともないんじゃないかなと思うんですよ。でも、「恋愛があるかも」という考えでは芝居してなかったので、そこは1回忘れて普通に過ごしてたらいつの間にか倫太郎と……。

川津　いやぁ～（笑）。でも、距離感的に芽依は飛羽真とすごく近くて、私ももしかしたらそんなこともあるかなとは思ってた。芽依が力業でグイグイいったりとか、それに助けられて飛羽真がキュン！ みたいな展開があるのかなって。

内藤　（笑）

川津　でも、なかったし！ なんか『セイバー』という作品にそういう要素があまり……。

内藤　合わない。

川津　そう。必要がないから、ないだろうなって途中から察し始めて。

――最終的には友人、みたいな感覚ですか？

内藤　友人よりは上ですね。……でも、親友でもないんだよな。

川津　大事なビジネスパートナーでもあり、いつもずっとくっついてるわけでもない。それぞれ自立してるから、必要なときだけ寄り添うのが2人の間柄というか。

内藤　途中から妹みたいな感じもあったかな。たぶんお互いを一番知っていて、悪い癖とか……。

川津　こうしたら機嫌がよくなるとか。

内藤　全部知ってる妹みたいな感じ。それに編集者としてしっかりしてるところはしっかりしてるから、それでいいように転がされてた感じです。

川津　（笑）　この関係性はリアルにもけっこう近いんです。だから、やりやすいってことはあったね。

内藤　リアルの関係性、似てるかもね。飛羽真にもヌケてる部分があったと思うし、そこに核心を衝いてアドバイスしてくれる。

――内藤さんから見た芽依ちゃんって、どんな女の子でしたか？

内藤　飛羽真じゃなくて、僕から見た芽依ちゃんね。そりゃあ、めちゃくちゃ「あざとい女」ですよ。

川津　えっ（笑）、あざといの？ ちょっとそこ、詳しく聞かせて！

内藤　芽依ちゃんって悪気なく距離近いんだよ。

川津　そうだね。

内藤　で、こっちも嫌な気分にならない。距離の詰め方が上手いんだよね。下心がないから、こちらもナチュラルにハマっていくっていう。だから身近にいたら、ちょっと好きになっちゃうかもしれないですね。

川津　まあ、あの距離の近さはね……やってて思うよ（笑）。

――じゃあ、川津さんから見た飛羽真はいかがですか？

川津　どうだろう？

内藤　好きになっちゃうよね（笑）。

川津　いや、飛羽真には賢人みたいな危なっかしさや「いなくなっちゃうんじゃないか」みたいな儚さもないからなぁ……。なんだか私がいなくても1人でやってけそうだし……。

内藤　マジで？

川津　飛羽真って、けっこうちゃんとしてるじゃん。収入もあるし。

内藤　ベストセラー作家だからね。じゃあ、川津明日香としては、飛羽真と賢人と倫太郎って誰が一番好みの男性なの？

川津　出た！（笑）　でも、まあ……その3人の中だったら飛羽真ですね。

内藤　えっ、飛羽真なの？

川津　ちょっと辛口になりますけど、倫太郎だと物事を知らな過ぎて、恋愛って感じがしないんですよ。たまに会う友達の友達。で、賢人はけっこう気難しい（笑）。

内藤　でも女の子って、ああいう危なっかしいミステリアスな感じの男が好きなんじゃないの？

川津　私、そういう人があまり好きじゃないから。（一同笑）

仕事相手から仲間への成長

――1年間のドラマを通して、芽依というキャラクターはどんなふうに変わっていきましたか？

川津　最初からすこぶる明るくて元気玉みたいな子だったので、最初がこのテンションだったら最後はどこまでいくんだ？ って思って心配してたんですよ。しかも、あまり気分の上げ下げがないので、自分の中で設定を作っていきづらいところがありました。でも、芽依の周りでいろいろ大変なことがあって、いつも受け身で巻き込まれてるんだけど、それを楽しんでるところがあるんですね。そこが芽依の強みだなって思うようになりました。

内藤　芽依ちゃんは最初から強いよね。編集者としてちゃんと締め切りを守らせよう

2人の関係性はリアルにもけっこう近いんです。だから、やりやすいってことはあったね。（川津）

仲間のために動くってことを一番やってたのが芽依ちゃんだったなと、今改めて思います。(内藤)

とするんです。最初の頃、飛羽真に対してはいつも「原稿ちょうだい」って言ってますからね。ビジネスの都合で仲間の中にいるような感じで、次々と知り合っていく仲間と仲良くするあたりも仕事の関係なんだなって感じてたんです。でも、それがだんだん本当の仲間になっていったなって。成長、変化という意味では、それが一番強く出てたのが芽依ちゃんかなって思うんですよ。

――芽依ちゃんは倫太郎や賢人と同じ仲間になっていったということですね。

内藤　そう。僕、4人でやった芝居で一番印象深いのは、賢人との妄想シーンで倫太郎と芽依ちゃんが入ってくるところなんです。

川津　はいはい。

内藤　いつも自分の妄想には賢人しか出してなかったですけど、芽依ちゃんと倫太郎が出てくるんですよ。あのシーンは、芽依ちゃんも大切な仲間なんだなっていう表れでもあったのかなと思ってるんです。

川津　徐々に編集者から仲間になっていったよね。飛羽真が芽依を上手く扱ってくれるのは、仕事の関係ということで理解できるんですよ。でも、倫太郎と賢人が仲間として見てくれるようになったのはやっぱり積み重ねかなと思います。飛羽真、倫太郎、賢人の3人が剣を合わせて「みんなで!」って約束を交わすときでも、2人も否定せず「芽依ちゃんもね」みたいな感じに持っていってくれる。関係値がどんどん変わっていく過程で象徴的なシーンですよね。

内藤　うん、みんなお互い優しいよね。

川津　中盤あたりからは、みんなを叱るというか、お姉さん的な立ち位置になるようなお題をもらえたので、飽きることなく1年間やれた感じがありました。

――『セイバー＋ゼンカイジャー　スーパーヒーロー戦記』では芽依ちゃんがお姉さんの役割を担っていましたからね。

川津　前の劇場版(『劇場短編 仮面ライダーセイバー 不死鳥の剣士と破滅の本』)のときもそうだったんですけど映画になると、ちょっと芽依が大人になるなって。

内藤　一緒にいるのが自分より年下になるからね(笑)。

川津　仲間として何かしてあげたいんだという気持ちが、映画の場合は前面に出てきてるんですよ。観てくださった方からの感想もテレビのときと違ったりして、こういう芽依も受け入れてもらえるんだなって思って嬉しかったですね。

内藤　仲間のために動くってことを一番やってたのが芽依ちゃんだったなと、今改めて思います。見守ってくれるヒロイン。強いヒロインだよね。

内藤、川津、浅井の複雑な関係

――川津さんは変身後のセイバーやブレイズと一緒にいるとき、内藤さんや山口(貴也)さんは意識されてました?

川津　変身すると変身組はみんな現場から帰っちゃうんですよ。

内藤　はい(笑)。

川津　でも、浅井(宏輔)さんや永徳さんは、セリフも全部ちゃんと入れてくれていてちゃんと応えてくれる。その瞬間、相手が浅井さんや永徳さんってことをいい意味で忘れちゃうんですよ。喋ってるのは浅井さんでも、私の頭の中で飛羽真の声に変わってるんですよね。

内藤　へぇ～!

川津　だから、後になると浅井さんがどんな声だったか思い出せないんです。

内藤　それはすごいね。

川津　そのくらい違和感ないんですよ。20話ぐらいからは完全にそうでした。動きも合わせてくださってるし、癖も把握してくれてるから、そこにいるのは飛羽真だったり倫太郎だったりするんです。

内藤　じゃあ、ブレイズに抱えられたときもあれだ!　ちゃんと貴也……。

川津　そのときは倫太郎。貴也だって感覚はマジでない(笑)。でも、倫太郎っていう感じは……あるよね。

内藤　でも確かに、回数を重ねていくうちに浅井さんが自分の動きに合わせてくれるようになってきて。走り方の癖だったり、喋り方の癖、セリフのリズムまで寄せてくれるので、ちゃんと飛羽真なんです。だから、アフレコのときも違和感は全然なかったですね。僕が芝居をやってるときも浅井さんが話しかけてくれて、浅井さんと内藤秀一郎の境界がどんどんなくなっていきました。

川津　そういうところで繋がってるムードがやっぱりあるんですよね。実は私、1年間を通して浅井さんと1対1のときはあまり話さないようにしてたんですよ。もちろん挨拶とかはするし、秀くんとかがいるときは3人で会話したりしました。そのくらいがちょうどいいと思って。もっと話したいなって気持ちはあったんですけど、あまり仲良くなっちゃったりすると、セイバー＝浅井さんというイメージができちゃう気がして。私不器用なので、そのくらいがちょうどよかったかな。自分から話しかけることもあまりなかったですね。

内藤　でもね、浅井さんはすごく話しかけたがってたよ(笑)。

撮影中の裏話

――お互いにお芝居で助けられた部分というのは?

川津　一番「うわぁ!」って思ったのが、ノーザンベースの仲間が揃っていて、飛羽真が真ん中で「みんなを救うんだ」みたいなことを言うシーン。台本のト書きに「芽依、涙を流す」みたいなことが書いてあったので「これ、集中力が切れたら最悪だな」って思ってたんです。そしたら、石田(秀範)監督が気を遣ってくださったのか、私の寄りを先に撮ってくれたんですけど、前を見たら目線の先に飛羽真がいて目が合ったんですよ。そのとき、本当に集中できて、す

ないとう・しゅういちろう：
1996年5月14日生まれ。埼玉県出身。2018年に『星屑リベンジャーズ』でドラマ初出演を果たし、その後もドラマ『腐女子、うっかりゲイに告る。』、映画『午前0時、キスしに来てよ』などに出演。本作『仮面ライダーセイバー』がドラマ初主演となる。

かわづ・あすか：
2000年2月12日生まれ。東京都出身。中学2年時にスカウトされ、2014年に「ミスセブンティーン2014」のグランプリに選ばれ芸能界入り。2016年、映画『黒崎くんの言いなりになんてならない』で女優デビューを果たし、同年の『砂の塔～知りすぎた隣人』で連続ドラマ初出演。

ごく悲しい気持ちになれたんです。いなくなってほしくない……なんか、そう思わせてくれるほど飛羽真に助けられましたね。

内藤　へぇ～。

川津　本当なんだって！

内藤　いや、疑ってないよ！　そのときの風景は覚えてる。すごく集中していて、それを壊したくないなという思いはあったよ。普段は目線を外してたりすることが多いんですよ。でも、そのときは確かに目線を合わせてました。

川津　見てたね～。

内藤　確かに、飛羽真と芽依ちゃんって、他のメンバーよりは目線を合わせることが多いよね。

川津　大人数で前向きな話をしていて「うん！」ってなったときに、飛羽真と目が合えば嬉しいって思うし、逆に目が合わないと「あれ？　私のお芝居、足りなかったのかな？」って。

内藤　「なんで、こっち向かないの？」って？(笑)　いや、それは俺だけじゃないでしょ。

川津　誰に対してもありますね(笑)。芽依は否定派じゃないから、誰にでもウンウンうなずくことが多いから。

内藤　芽依ちゃんを見てれば心も落ち着くってこともありますからね。

――現場に川津さんがいるとギスギスしなくていいって、男性のメンバーたちの対談で話が出てましたね。

川津　え～！　その対談現場に私もいたかったなぁ！

――残念ながらいらっしゃると話が出ない(笑)。

内藤　そういうこと(笑)。

――内藤さんから見て、川津さんのお芝居で印象に残ってるところは？

内藤　泣いてるシーンは全部好きでしたね。ただ泣いてるってだけじゃなくて、泣いてる姿を見ると守ってあげたい感覚になる。一番覚えているのはネコメギドの回。

川津　ああ、泣いた。

内藤　もう死にそうになって涙を流していて……それを見たときに、倫太郎と一緒に「俺たちでこの子の笑顔を守ってあげよう」って強く思えたんですよね。感情をくすぐられました。

――では、川津さんが印象的な内藤さんのお芝居は？

川津　プリミティブドラゴンのとき、乗っ取られてるお芝居がすっごくよかった。

内藤　(爆笑)

川津　本人、「陽」のように見えて、実際はけっこう「陰」な人なんですよ。違う？

内藤　確かに俺、奥のほうは陰だよ。陰しかない。

川津　ちょっと冷めてる部分もあって、そこがあのお芝居に合ってたと思うんですよ。あのお芝居をもっと見たかった。ほんと、ヒーロー側からしたら長く続けられると困るんですけど。

内藤　あれは「無」の気持ちでできて、すごくやりやすかったです。ナチュラルに、何も考えずに。

――あれがナチュラルだとヤバいのでは？(笑)

内藤　自分の陰の部分をいっぱい出しました。空っぽの状態で、感情を一個も入れなかったんです。本当は獣だったので声も入れたくなかったんですよ。

――他に撮影中、お互いを見ていて印象に残ったのは？

川津　ヤバい！　みたいなミスだったり失敗はあまりないですね。

内藤　『セイバー』はみんな、けっこう優等生なんですよ。ミスを隠すのも上手いんです。でも、画面に映ってないところではいっぱいありますよ。芽依ちゃんっていつも元気なんですけど、スイッチ切れたとき、怖いんですよ。

川津　そうかー。

内藤　キャストはみんな知ってる(笑)。たまにスンッって真顔になっちゃう。

川津　いや、それはね、普段無理してるとかじゃないんです。早朝からずっとやってたりすると、なんかスイッチが入らなくなるときがある。

内藤　俺もスイッチ入らないことはあるけどね。でも、それとはレベルが違うんですよ。陰のまたその下がある。スイッチのオンオフの落差が一番激しいんだよ。

川津　確かに賢人とかは普段あんな感じなので、スンッてなってもあまり温度差がないかなぁ。そもそも(青木)瞭くん自体、そうならないんだけど。でも確かに、たまにスイッチ切れちゃうときはありますね。

内藤　楽しい芽依ちゃんしか知りたくなかった……。

川津　なんでよ！(一同笑)　まぁ、私のほうがひどいんだろうなって自覚はあるけど、秀くんも変わるよね。1年間一緒にいると「今、元気だな」とか「あ、疲れてるな」とか、そういう変化がお互いわかるんですよ。

内藤　わかりやすいよ。「もう帰りたいんだろうな」ってこともある。

川津　でも、そういうとき、貴也とか秀くんはタイミングを見て機嫌をとってくれようとする。瞭くんは放置してくれるタイプだけど。

内藤　(笑)

川津　でも、みんなのその距離感は嬉しいんですよ。私のことわかってくれてるんだなっていうのが伝わるから。

――『セイバー』の1年で、内藤さんと川津さんの関係って変わりました？

川津　私は変わりましたね。役のポジション的に最初から近いところにいたんですけど、当初はちょっと沈黙があると気まずいね、みたいな感じだったんですよ。

内藤　そんなこと思ってたの？

川津　うん、最初の1ヶ月くらいは。でも、撮影を重ねていく中でそういう距離みたいなものはだんだんなくなっていったし、やっぱり異性というよりも仲間として見てたから、もう何でも話せるようになってるんですよね。まあ、そっちはわかりませんけども。

内藤　えぇっ～？　それじゃ俺、悪者だよ、完全に。いつでも何でも話してるから！(一同笑)

第二章 一 友人、神山飛羽真とは。

それぞれの立場で剣士として戦い、仲間として支え合ってきた仮面ライダー役の３名が、俳優として切磋琢磨した日々を振り返る〝友人〟鼎談。それぞれ役と真摯に向き合いながら積み重ねてきた『仮面ライダーセイバー』１年の軌跡を語り合う。

撮影◎遠山高広（MONSTERS）
取材・構成◎齋藤貴義

山口貴也 × 青木 瞭 × 内藤秀一郎

［新堂倫太郎／仮面ライダーブレイズ役］［富加宮賢人／仮面ライダーエスパーダ役］［神山飛羽真／仮面ライダーセイバー役］

三剣士の出会いと裏側

――最初に出会った頃の3人は、どんな関係性だったんですか？

内藤　僕は山口くんのプライベートばっか聞いてました。筋トレやってるって聞いて、どうやって鍛えてるの？　とか。それで僕も筋トレ始めたんです。

山口　僕は内藤くんより仕事の経験が少なかったので、いろんなことを聞いて頼りにしてましたね。

青木　貴也は真面目そうだし、さぞしっかりしてるんだろうなと思ったら、すごい天然で。そのギャップで笑わせてもらいました。

山口　川津(明日香)さんも含めて4人いると、やっぱり誰が場を回すか？ってところが大事で。青木くんが主導権を握ってたから、「あ、もうこの人に回してもらえばいいな」と思ったんですよ。ただ、何をどこまで出していいのかもわからなかったので、僕はちょっと空回ってましたね。(一同笑)

――3人でお芝居をしていて、思い出に残っている現場のエピソードは？

青木　僕は、賢人がカリバーの上條さん(演：平山浩行さん)と戦って、ズタボロにやられて、それを飛羽真が抱きかかえてくれるシーンです。瀕死状態の賢人を抱きかかえて壁にそっと添わせてくれるという芝居なのに、何を考えたのか思いっきりバーン!!って(一同笑)。本当にお芝居でやってんのかな？　と思ってびっくりしちゃった。

内藤　いや、あれは体勢もあったし、しかも筋力不足で……映像で見たらめちゃくちゃ弾き飛ばしてたよね。

青木　あれがトドメの一撃でしたね。

内藤　賢人の表情が「グッ」ってなっていて。

青木　瀕死のお芝居にはなったんですけど(笑)、キツかったです。

山口　僕が印象深いのは、賢人も飛羽真も面と向かってお芝居すると、なぜか僕の顔を見て笑うという思い出。

青木　それはね(笑)、すごく目線が動くでしょ！　1対1で話してるときにすぐ目が「チョロッ、チョロッ」って。

内藤　確かに！(笑)　顔のいろんなパーツを見てくるんですよ。

山口　いや、じっと見てるとこっちは恥ずかしくなっちゃうから。それに2人は高身長だから僕と視線が違うんです！

青木　あ、そういうことだったの!!

山口　普通に前を見ても目線が合わないし、カメラは横から撮ってるので見上げたらちょっと不自然だし。それで、アゴを見るようにしてたんですけど。

青木　あれ、すごく面白かった。でも、普段は和気あいあいとやってたけど、やっぱり撮影が始まると空気は一変してたよね。みんなよきライバルというか。川津さんも含めて、切磋琢磨して撮影に臨んでいましたから。

関係性が変わるドラマの中で

――芽依役の川津さんの印象はそれぞれいかがでしたか？

山口　現場では振り切ってああいうキャラクターをやってくれるし、すごいムードメーカーなので、あの明るさにつられて僕たちも、というのが大きかったですね。

内藤　男だけだとやっぱたまにギスギスするときもあるじゃん。芝居として、ちょっとバチバチいうときが。

青木　そう、いい意味でのぶつかり合いがね。自分はこうやりたいという芝居がそれぞれあるから。でも、そういうときに芽依ちゃんが入ってくると、ちょっと和むんですよ。

――ちなみに、倫太郎としては、いつぐらいから芽依ちゃんを意識されたんでしょうか？

山口　7話でブレイズとして登場してお姫様抱っこをしたところがあったあたりですね。どちらかというと、最初のソフィアさんのほうが、育ててくれたお母さんというので女性として大事にしてたイメージなんですけど。

内藤　へえ！

山口　だから、ソフィアさんに「ブレイズ」とか言ってもらえると、なんか頑張れたり胸に来たりしてましたよ。でも、飛羽真と仲違いしてるときに芽依ちゃんの一言でちょっと心が揺らいだりするところから少しずつ……。それで、ネコメギドの回で救ったあたりからは、「この人のために戦ってもいいのかもしれない」と。そういう面を意識してお芝居にも出していこうって思いました。よく川津さんと2人で「どっちが好きなんだろうね」ってディスカッションしてたんですよ。芽依ちゃんは思わせぶりな感じがするけど、そんなんじゃなくてみんなと一緒だよって感じかもしれないし。

青木　明確な描写があったわけではないからね。「好き」というワードを使ったりしてないし。

山口　最後のほうになってね、ようやくですよ。

内藤　ロマンチックだなあ！

――賢人は途中で一旦退場していますが、そのあたりのことは？

青木　最初に台本いただいたときは正直びっくりしたんですけど、「やっぱり」っていう納得の思いはありました。今までが仲間の制止を振り切って1人で突っ走っていたので、いつかは制裁をくらうだろうと思っていたんですよ。

内藤　最初から人数が多いから誰かいなくなるだろう、ってみんなで話してたよね。誰を予想してたっけ？

青木　蓮だったっけ？　僕は自分も頭にあったけどね。

内藤　ちゃんと入ってたんだ。

青木　たぶん、いつかやられてしまうんじゃないかなって。

内藤　僕は台本を読んだときには、早いなと思った。飛羽真が自分のことで精いっぱいな中で賢人が消えちゃったのは、正直急ぎすぎじゃないかなって。

青木　僕以外のみんなは「ちょっと早いんじゃない？」って感じるけど、僕からしたらやっぱりもう来るんだろうなって。その面白さですね。

山口　まさか、みんなの前で消滅していくというのは想像してなかった。

青木　あのね、みんなに看取られながら逝くの、いいよ。(一同笑)

――その後、ちょっと危うい感じの賢人になって戻ってきますが。

3人とも役と自分にあまり差がない気がして、それがよかった。1年やるとどんどん似てくるんだよね。（青木）

青木　あそこは上堀内（佳寿也）監督とかなり話をしました。僕はこう思うんですけどと持っていった案が、すべて却下されまして（笑）。

山口　そうそう（笑）。僕はたまたま見てたんですけど、青木くんが作ってきたことが見事に覆ってましたね。

青木　すべてダメでした。でも、監督も考えをたくさん持ってきてくださって、それと照らし合わせていくように僕は何十回も演じて……。「うーん、違う」「うーん、違う」って。最後までけっこう時間をかけて、すごく大切に撮影していただきました。

内藤　最終的に納得したの？

青木　もちろん！

内藤　上堀内監督が持ってくる案というのが、自分たちの想像を超えてくるんですよ。最初の頃は自分たちもありきたりなことしか持っていけなかったんですけど。僕も一番最初、PR動画の撮影させてもらったとき、全部準備して行ったんです。

山口　そうだった！

内藤　だけど、監督が求めてるのはそれ以上だったんだよ。自分が持っていったものは全部直されました。

青木　でも、ああいうのは大事だよね。悔しさもあるけど、面白いんです。自分たちの考える範疇外のことがやっぱり監督の視点にはあるから、こういう考え方があったのかと気づかされて。監督からの言葉ってものすごく重いんですよ。

内藤　でも、最後の方はわりと自分で持ってきたものでやってたよね。監督に言われた指示でも違うと思ったら「それはできないです」ってなってた。

青木　おお、偉くなったな。（一同笑）

――それは、演じていく中でキャラクターを誰よりも理解してきた、という思いの表れですか？

内藤　やっぱり役に1年間寄り添ってるわけですからね。監督は毎回変わるから一番理解できているのが自分だ、と思えるようになりました。

――では、それぞれキャラクターをつかんできたなというタイミングは？

山口　僕は29話から32話くらいのタテガミ（仮面ライダーブレイズ タテガミ氷獣戦記）になるあたり。倫太郎に長い時間向き合ってきて、ここで自信を持ってやらないと、って思い始めた時期ですね。そして、僕が思う倫太郎というのはこういうヤツだ、というのを観ている人に納得してもらえるようになったのがその辺じゃないかなと思ってます。

内藤　僕はみんなと仲間割れして1人になったとき。それまでは飛羽真のバックボーンを描くエピソードがなかったので、自分と飛羽真がマッチしてなかった部分があったと思うんです。でもみんなと離れて、また一緒に戦うために相手の気持ちになって考えて芝居をするようになった。そこで、飛羽真ってそういう人間なんだなというのがわかってきたんですよ。

青木　僕はタイミングというのは明確にないんですよね。消失していたのでキャラが1回変わってるし、特別ピタッとハマったって感じはなくて、やってくうちにどんどん馴染んでいった感じでした。

――3人のシーンでいうと、39話の桃太郎のところが印象深いですね。

山口　賢人と倫太郎で犬と猿やったとき（笑）。

青木　確かに、あそこは一旦スレた賢人が前の賢人に徐々に戻っていくというか。些細なシーンではあるんですけど、ようやくこっち側に来たんだなっていう感じがしました。賢人はいろいろ溜め込みすぎて、芝居するときもその重みで疲れるんですよ。それがなくなったのがあのシーンで。この辺からは芝居もやりやすくなりましたね。

内藤　うん、あそこはすごくやっていて楽しくできた。

青木　また、あの妄想の中に新たな仲間として芽依ちゃんと倫太郎が入ってくるということでも意味のあるシーンです。飛羽真の「おい！　物語を変えるなよ！」ってセリフもありますし、賢人が新たな一歩を踏み出す意味でもいろいろ含みのあるシーンでした。

ヒーローとして3人で成長した1年

――みなさんは変身後にスーツアクターさんにバトンタッチするわけですが、アクターさんたちとはどんな感じのお付き合いを？

山口　僕は、だいぶアクション部の方とご一緒させてもらいましたね。永徳さんとはずっと一緒にいて、真似してました。喋ってるときも、歩いてるときも……食べ方まで。

青木　（笑）

山口　お芝居の相談にも乗ってくれて、特に29話から32話は2人で一緒に作ったなというところがありました。お互い「見せたいところはやるから、あとはお互いに拾っていこう」って感じで。それが実現できたと思うので、感謝しかないです。

青木　中田（裕士）さんは、最初に会ったときから人の目をまず見ないので（笑）、「人見知りなんだな」って思ってました。僕は中田さんの懐に潜り込もうとするんですけど、なかなか目を見てくれない。

山口　そうなの!?

青木　そこがまた中田さんのすごくいいところで、控えめというか謙遜してるというか。何か教えてくれるときは、とても真剣に教えてくださるけど、すごく感覚的で。「こうやって、こうやって、こうやってるんだけど……いける？」って。

山口・内藤　（笑）

青木　で、僕にはやっぱりちょっと難しいので「いや、ちょっとまだムズいっすね」ってなる。後から丁寧に教えてくださるようになりましたけど、それは中田さんの謙虚さなんですよ。

内藤　浅井（宏輔）さんに関しては、最初の

やまぐち・たかや：
1997年1月31日生まれ。神奈川県出身。2017年、恋愛リアリティーショー『オオカミくんには騙されない♥（シーズン1）』でデビュー。本作『仮面ライダーセイバー』で、初のテレビドラマレギュラー出演を果たした。主な出演作に、映画『OUT OF THE BLUE ～俺の人生無駄ばかり～』、YouTubeドラマ『僕等の物語』など。CMにも多数出演。

あおき・りょう：
1996年2月26日生まれ。神奈川県出身。「劇団4ドル50セント」の劇団員。ミュージカル『テニスの王子様』3rd シーズン（10代目　手塚国光役）。2021年10月スタート日本テレビ「真犯人フラグ」に出演。

僕は、川津さんを含めてこの4人でいるときが一番落ち着いて、リラックスできました。(山口)

印象からめっちゃ変わりました。最初は誰にでも優しいし、物腰柔らかすぎて、僕から「自分はこうしたい」って言いづらかったんですよ。でも、浅井さんは「それじゃダメなんだ！　内藤くんがやってる飛羽真を僕が真似するだけだから、なんでも言って」って言われて。とはいえ、浅井さんってすごく負けず嫌いなところもあって、だんだん「俺はこう思うんだけど飛羽真はどう？」「俺、こっちでやってみようかなって思うんで、1回見てみて」って言ってくれる。あ、この人はちゃんと自分を持ってるし、熱い人なんだなってのがわかりました。2人でいるときはずっと仮面ライダーの話をしてくれて、そういう姿を見ていて、なんか自分も神山飛羽真を演じる上でのやる気がすごく変わりましたね。

——常に真剣なんですね、浅井さん。

内藤　いや、意外とふざけるんですけど、そのふざけ方も真面目なので、どこまでイジっていいのか最初の頃はマジでわからなかったです(笑)。

——変身シーンでテンションが上がったところは？

内藤　やっぱり3人での同時変身のシーンですね。坂本浩一監督の10話。

山口　アヒルのとき！

内藤　みんなアクションをガッツリやったのが初めてだったんですけど、それぞれカッコよくて、あのときの変身は「これが仮面ライダーだな！」って思いました。

青木　俺はね、賢人が闇落ちから帰ってきて、森の中で3人でマスターロゴスと戦うところ。クロスセイバーの2回目の変身かな？

内藤　覚えてる覚えてる！

青木　あそこのシーンの3人の同時変身がすごくテンション上がりました！　僕にとっては、賢人が戻ってきてからの同時変身がそこで初めてだったので印象深いんです。

内藤　「物語の結末は俺〝たち〟が決める！」って3人で言ったときだよね。

山口　同時変身でいうとやっぱり、僕は45話でやった10人での同時変身。あれは貴重なんじゃないかな。しかも、奇跡のようにタイミングが全員揃うんですよ。「じゃあ次のカットでみなさんで変身って同時に言ってもらいます」って言われて、「せーの」とかの掛け声もなく、「ヨーイ、はい！」「変身！」でちゃんと揃うという。

青木　なんで、あれ揃うんだろうね。

内藤　俺は他のみんなに合わせたことがないので、みんなが俺に合わせてくれてるってわかってる。(一同笑)

青木　飛羽真は先頭に立ってやってるから後ろを見れないし、そこは僕たちが後ろで見てタイミングを全部合わせなくちゃいけないっていう。

山口　彼にみんな合わせていて、彼の動きによって被っちゃったりすると、ちゃんとみんな避けたりしてるんです。

内藤　だから一番楽だったよ。

青木　いい意味で、後ろをまったく気にしないよね。そこは、しっかり自分の芯があるというか。

山口　背中を追ってこいという感じの華があるからね。

内藤　そこは自己中なわけじゃなく、前に立ってしっかり決めることが大事かなと。

山口　で、みんなでそれを支えるというね。

内藤　同時変身だったら、『仮面ライダーリバイス』とのコラボ回(『仮面ライダーセイバー』増刊号)で賢人と同時変身したときは、初めてノールックでブックをベルトに入れたよね。普段はカット割でやってるからその必要もなかったんですけど、あそこで初めてノールックでの同時変身ができたのは感動でした。石田監督に「やってみろよ、お前ら！」って言われてやらせてもらって……1発でできたよね。

青木　何回かやるんじゃないかなと思ってたけど(笑)。

山口　あれは1発でできちゃってびっくりした。

青木　かえって「えっ、大丈夫？」って心配になって。

内藤　でも、そこは1年間やってるからできちゃったんだなって。

——この3人組で1年演じてきて、今、どんなことを感じていますか？

内藤　とにかく「この3人でよかったな」と。最終章で僕が消えかけてるとき、2人の表情や支えられてる手から安心感が伝わってきたんだよね。この2人だったから今自分はこういうふうな感情になれてるんだなって。それで、すごく安心して消えられるなって思った。特別何があったわけじゃないんだけど。

青木　伝わる。わかる。

山口　そう、言葉にはできないけど。賢人が消滅するときも、飛羽真が消えかけてるときも、寂しいんですよ。もうファミリーって感じで。僕は、川津さんを含めてこの4人でいるときが落ち着いて、リラックスできますね。

青木　人が多いから感情もたくさんある。だから、その中ではイライラもする感じになることもある。でも、それ以上に「好き」のほうが強いんですよ。しかも、飛羽真と内藤秀一郎、倫太郎と山口貴也、賢人と僕……3人とも役と自分にあまり差がない気がしていて、それがよかったのかなって。やっぱり1年やるとどんどんどんどん似てくるんだよね。どっちかに近づくとかじゃなくて、役と自分の両方がそれぞれ近づいてくるんじゃないかなって。

内藤　うん、それはあるね！

最終章で僕が消えかけてるとき、2人の表情や支えられてる手から安心感が伝わってきたんだよね。(内藤)

第三章　一　剣士、神山飛羽真とは。

内藤秀一郎 × 生島勇輝 × 富樫慧士 × 岡 宏明 × 市川知宏

内藤秀一郎［神山飛羽真／仮面ライダーセイバー役］
生島勇輝［尾上 亮／仮面ライダーバスター役］
富樫慧士［緋道 蓮／仮面ライダー剣斬役］
岡 宏明［大秦寺哲雄／仮面ライダースラッシュ役］
市川知宏［ユーリ／仮面ライダー最光役］

多彩な登場人物によって重層的なドラマが描かれてきた『仮面ライダーセイバー』。その中で、それぞれの役柄を演じるキャストはどんな思いを込めて作品に取り組んできたのだろうか。ここでは飛羽真と彼を取り巻く4人の剣士たちが、その出会いから結末までを総括する。

撮影◎遠山高広　取材・構成◎トヨタトモヒサ

剣士たちの邂逅

——レギュラーメンバーの多い『仮面ライダーセイバー』ですが、まずはみなさんの出会いのタイミングからうかがえれば。

生島　この3人（内藤、富樫、岡）は、最初から一緒だったんですよ。

岡　そうですね。

富樫　僕ら3人はオーディション組で。

岡　内藤くんは誰と組んでも相手の意図を汲んでお芝居していたのが印象的でした。だからこそ、主役に選ばれたのかなと。

内藤　やめて。すぐ調子に乗るから（笑）。

岡　いや、見事モノになって。

生島　顔つきが変わったよね。

内藤　それ、めっちゃ言われるんですけど、自分では……（苦笑）。

富樫　僕はインしてから、ずっと内藤さんの演技を見て勉強していました。

内藤　えぇ、ホントに？

富樫　人を見て芝居をするのがすごく上手いなぁと思っていて。

内藤　逆に「相手の演技を読み取れ」って、ずっと言われ続けてたよ（笑）。

富樫　僕は『セイバー』が初めてのオーディションだったんですけど、緊張感溢れる中、1人だけニコニコしてる人がいて……。

内藤　岡くんはオーディション段階からうるさくて（笑）。

岡　そんなことないって！

富樫　ヤバイ、これは呑まれるって（笑）。

内藤　緊張しないんでしょ？

岡　するよ（笑）。

生島　僕が入ったのは全体が動き出して1ヶ月後くらいだったかな。

内藤　僕らオーディション組は、オファーされてのキャストが入ると聞いて、最初はちょっと緊張してたんですよ。でも、イク（生島）さんはいい意味で年上感がなくて、めっちゃ話しやすかったです。

生島　最初は年も離れているし、「この子たちと何を喋ろうか？」って感じだったんですよ。だけど、内藤くんはすごくフランクだし、思っていたよりスッと仲良くなれましたね。

内藤　でも、それはイクさんの人柄のおかげですよ。

富樫　自分も生島さんとは自然と打ち解けた感じです。

岡　俺が生島さんとちゃんと話したのはどこだったかな？

生島　最初は変身してないから、ノーザンベースじゃないかな？

岡　たぶん。最初の印象がないってことは、本当にスッと輪に入ったんでしょうね。

市川　イクさんは現場ではみんなのお兄ちゃんで、メンバーとの距離も近い感じがしました。

内藤　市川さんとの初対面は、石田（秀範監督）組の7話。

市川　合成カットの撮影ですね。撮影が、ちょうど1話の放送日だったので覚えてる。

内藤　市川さんのほうから話しかけてくれたので、この人なら上手くやって行けそうだなと思いました。

市川　でも、元気なかったよね。「今朝観たよ」って言ったら、「ああ……はい」ってなんだかそっけなくて（笑）。

内藤　あの日、めちゃくちゃ疲れてたんですよ。しかも初めての石田組で、監督からは「幼稚園のお遊戯会じゃねぇんだよ」ってボロクソに言われて……（苦笑）。

生島　けっこう絞られてたよね。

内藤　市川さんは石田監督に「こうやれ」って言われてすぐにやってたので、さすがオファー組は違うなぁと。

市川　「探すな」の言い方を石田監督から指導していただいたんですよ。

内藤　僕らはまだ芝居ができてない時期だったから、「うわ、すごい！」って。

生島　いっちーとは「みんなデカくない？」って話したのがたぶん最初（笑）。

市川　内藤くん、（青木）瞭くん、（山口）貴也、（川津）明日香ちゃんもいて。で、岡くんと富樫くんは移動の車の中で一緒になったけど、そこで岡くんから、いきなり「最光の変身ポーズ見ましたか？」って質問されて（笑）。

岡　俺の話題、そこ？

生島　話すというか一方的に（笑）。

市川　その岡くんの距離感で救われたところがあるけどね。

岡　確か、そのときに、市川くんの呼び方をどうする？って話題になって。

市川　そういうときにいつも仕切ってくれるのが岡くん。

岡　それで「いっちー」になった（笑）。

富樫　市川さんは出身が同じジュノン（スーパーボーイ・コンテスト）で、以前から面識はあったんです。

市川　イベントで会ってたんだよね。でも、『セイバー』の現場ではあまり元気がなくて。普通、会話が続くじゃない。でも「はい」

の後がない（笑）。で、延々こっちが質問し続ける。（一同笑）

内藤 それ、慧士の素でしょ。

富樫 たぶん、そうだと思います（笑）。

市川 あぁ～（納得）。

それぞれの活躍

――ここでは内藤さんに、それぞれの名場面を挙げてもらえればと思います。

市川 めちゃくちゃあるよね。

富樫 特別編も入れたら全48話。

内藤 岡くんは……。

岡 えっ、俺から？

内藤 音銃剣錫音が封印されたとき。

岡 26話か。

内藤 「音銃剣錫音ぇー！」って叫ぶところはすごく感動しました。台本を読んで想像していたのを遥かに超えていて。

岡 ありがとう！

内藤 慧士は賢人に対して泣くところ。

富樫 28話ですね。

内藤 あそこの印象が強い。どうやったらあんなに感情を入れられるのかと。

富樫 事前に台本を渡されてたけど、最初はどうにもイメージできなくて。それで映画を観たりして、それをヒントに演じてみました。

内藤 かなり気合い入ってたよね。

富樫 とにかく泣かなくちゃいけない焦りもあって。

内藤 しかもテイクごとに泣いていて、それがまたすごかった。自分はあまり泣けないタイプなんですよ。

富樫 ありがとうございます。でも、あそこは自分よりもスタッフさんが雰囲気を察して空気を作ってくださったのが大きかったですね。

内藤 市川さんは……。

市川 最光だな！（笑）

内藤 最初はユーリの役柄も市川さん自身も真面目なイメージだったんですが、芽依ちゃんと3人で買い物に行く回（17話）がありましたよね。あのときの女装がかなり気持ち悪くて（笑）。

市川 複雑だな！（一同笑）

岡 ちょうどキャラ付けしてた時期だ。

内藤 あそこで役者って何でもしなくちゃいけないんだなと思いました。

生島 カッコつけるだけじゃない（笑）。

内藤 そうそう。でも、そこで真面目だけじゃない、市川さんのまた別の引き出しを見ることができました。

生島 いっちー自身もそういうところがあるよね。

内藤 あんなふうに崩すんだって。

市川 まぁ、嫌いじゃないけどね。ある意味、ユーリの魅力が詰まってると思うので、そこを挙げてくれたのは嬉しい。

内藤 どうやって天然の部分を見せるか、考えた場面もありましたよね。

市川 石田組（第20話）の時の自転車。いや、あれは壁にぶち当たりましたね。いろんな乗り方を試したんですけど、ことごとく「つまらねぇ」って却下されて……（苦笑）。

富樫 そうだったんですか。

内藤 結局、石田監督が見せてくれたお手本が一番面白くて。

市川 ホント思い付かなくてね。でも、あれはいい経験でした。

内藤 イクさんの場面で好きなのは……（しばし考える）。

生島 俺はないな（笑）。

内藤 あります、ありますよ！（笑） イクさんが仲間になる回。

生島 22話の「本気で来い！」の場面？

内藤 いや、24話のほうです。仲間になるくだりで「それでいいな」って言ってくれたんですけど、その飛羽真に託すようなニュアンスに温かみを感じたんですよ。イクさんって俺らの中でもパパみたいな存在で、全員のバランスを上手くまとめてくれている人なんですけど、そのイクさんにそういうセリフを言ってもらえたのがすごく嬉しくて。

生島 いや、逆に今、そう言ってもらえて、気持ちが温かくなりましたね。それこそ、あの場面って年を跨ぐか跨がないかくらいの頃だったじゃない。

内藤 そうでしたね。

生島 もうだいぶ前のことなのに、その感覚を今も覚えていてくれてること自体が嬉しい。いつの間にか仲良くなれたのも、そういうひとつひとつの積み重ねだったんだなって、改めて思いますね。

仮面ライダーとして

――続いて、それぞれ変身後を演じるスーツアクターさんとのエピソードをお聞かせいただけますか？ 内藤さんは後程、浅井（宏輔）さんとたくさんお話しして下さい（笑）。（P76～85の内藤×浅井×渡辺淳アクション監督座談会を参照）

内藤 はい！（笑）

市川 僕の場合、光剛剣最光と最光シャドーとエックスソードマン（どちらもスーツアクターを務めたのは荒川 真さん）と、変身後が3段階あるんですよね。

岡 剣は、荒川 真さんが自分で持って動かしてる場面もありましたね。

市川 最光シャドーでも影の場面で剣だけ動かしたり、とにかく見せ方を工夫されていました。

内藤 終盤（第45話）ではプロレス技も出したりして。

市川 そこはもう現役レスラーなので真似できない領域。変身ポーズも教えてもらったし、僕にとって荒川さんなくして最光はあり得ないですね。

生島 （仮面ライダーバスター演じる岡元）次郎さんのカッコよかったエピソードは、映画『仮面ライダー×スーパー戦隊 スーパーヒーロー大戦』。

岡 あ、例のアレですね？

生島 現場で全員一斉に走り込む場面のテストをしていて、他の人は振り向いて元の立ち位置に戻って行く中、次郎さんだけ同じところを後ろ歩きで戻っていたんですよ。

市川 へぇ～。

生島 俺は最初、ふざけてるのかと思ったんだけど、自分で軌道を確認されてたんですよね。

市川 いや、職人！

生島 そこはやっぱり大勢のアクターさんがいる中、場数を踏んできた次郎さんだからこそだと思うし、それって役者としても

必要なことなんだろうなって。

岡　土豪剣激土を片手で振り回せるのは次郎さんだけですよね。

生島　実際、アップ用は重くて普通にやっても持ち上がらない（苦笑）。軽いアクション用もあるけど、画的にアップ用を持たなくちゃいけない場合もあるんですよ。それも地面から持ち上げて変身するとなると、どうしても自分の力だけじゃ上がらなくて。それで次郎さんに教えてもらったのが、腕の力だけじゃなく映らないなら腰でも全身でも反動であげればラクだよと。それが15話の坂本（浩一監督）組だけど、その後の撮影でも役立ちましたね。若いアクターさんたちも「次郎さんは静と動のすごさ」ってリスペクトしてるし、俺としてはバスターを演じてもらってなんてラッキーなんだろうって。あのゴツいカッコよさは次郎さんだけが持つ唯一無二のものですよ。

岡　（※岡さんが変身する仮面ライダースラッシュを演じたスーツアクターは森 博嗣さん）スラッシュは、ヘンゼルからブレーメンになった瞬間、キャラが変わるので森さんは大変だったと思います。ブレーメンのクレイジーな戦闘スタイルは、多彩なワイヤーアクションや捻りを入れたりして、テンションの違いを動きで表現されていました。

内藤　森さん、いい意味で抜けているところがありますよね。

岡　そこが森さんのすごさ。初登場回（第9話）で2形態を演じ分けていたのは、まさに森さんの柔軟さだと思いますね。

富樫　（※富樫さんが変身する仮面ライダー剣斬を演じたスーツアクターは藤田 慧さん）僕と藤田 慧さんはお互い人見知りなんですけど（笑）、そのまま1年間過ごすとモヤモヤしそうなので、自分から積極的に話しかけて仲良くなりました。藤田さんはとにかく教え方が上手いんですよ。風双剣翠風の持ち方もエンブレムを前に向けるとか、

家族を守るため死ぬ覚悟で戦ったからこそ、
剣士じゃなく教師として生きようと
思ったのかもしれない。（生島）

いくしま・ゆうき：
1984年4月4日生まれ。東京都出身。レポーターとして活動後、2011年に俳優デビュー。主な出演作に、映画『相棒 - 劇場版III 巨大密室！特命係 絶海の孤島へ』『闇金ウシジマくん Part 2』、ドキュメンタリー『Kesennuma, Voices. 東日本大震災復興特別企画～堤幸彦の記録～』、テレビドラマ『緊急取調室』『特命刑事 カクホの女』『Wの悲劇』など。

とがし・えいじ：
2001年6月27日生まれ。山形県出身。2017年、「ジュノン・スーパーボーイ・コンテスト」で準グランプリ・QBナビゲーター賞を受賞。モデルとして活動し、2020年に『仮面ライダーセイバー』緋道蓮／仮面ライダー剣斬役で俳優デビューを果たす。

デザストが
「お前はそのままでいいんだよ」って
言ってくれたのが大きかったです。（富樫）

最後にバスター×スラッシュコンビで
戦えたことが嬉しいです。（岡）

おか・ひろあき：
1998年11月19日生まれ。山梨県出身。日本語・英語・中国語を話すトライリンガル。国内や海外で、俳優・モデルとして活動。主な出演作に、テレビドラマ『嘘から始まる恋』『仮面同窓会』、舞台『夏の夜の夢（主演）』『リボンの騎士』『無謀漫遊記』『LoveLoveLove22』など。ジェイコブ・チャン監督の映画『阿麦従軍』が2021年公開予定。

結果的に戻ってこられて
ラッキーだったけど、
あのまま消えても
悔いはなかったと思います。
（市川）

いちかわ・ともひろ：
1991年9月6日生まれ。東京都出身。主な出演作に映画「銀の匙 Silver Spoon」「好きっていいなよ。」「プリンシパル～恋する私はヒロインですか？～」「曇天に笑う」「HiGH&LOW THE WORST」「完全なる飼育 étude」「ブレイブ -群青戦記-」「裏アカ」その他、テレビ・舞台などで幅広く活動している。

走る際には片手持ちするといったことも藤田さんから教えてもらいました。一度、「どうしてそんなに上手に教えてくれるんですか?」って聞いたら、家族全員が教師をやってるんだそうです。

全員 へぇ〜。

市川 撮影終わりに練習してたよね。

岡 バク転も教わっていて。

富樫 ええ。バク転は結果できるようになって、28話でやらせていただきました。途中からはアクションだけじゃなく、セリフの言い方について相談に乗ってもらったり、立ち方、振舞い方まで教えてもらったりして。僕にとってはホントに先生みたいな存在ですね。

最終回に向けての思い

——終盤から最終回についてもぜひ語り合っていただければと思います。

市川 ユーリは、ヒーリング能力を駆使してみんなを治癒したけど、それは本望だと思って演じました。もう千年も生きてるし、後世に託すことこそが大事なのかなと。結果的に戻って来られてラッキーだったけど、あのまま消えても悔いはなかったと思いますね。

内藤 最終的にソードオブロゴスの評議員にまでなって。

市川 運がいいヤツ。

岡 最後は盆栽に世界を見出してたけど(笑)。

市川 最後まで興味深い男として終わることができたと思うし、ホント、ユーリのことが大好きになりました!

生島 僕は、終盤も終盤になって奥さんが登場してビックリしたけど、最終回に向かう過程であぁいう家族の姿を提示できたのは、視聴者のみなさんにとっても感情移入しやすい描写だったんじゃないかな。僕自身も戦いに赴く前に家族の時間があるのはいいなと思いながら演じたつもりだし、そこを描いていただけたのは、ただもう感謝ですね。

内藤 今後、教師を目指すんですよね?

生島 幸いユーリのおかげで戻ることができたけど、家族を守るために死ぬ覚悟で戦った経験があったからこそ、剣士じゃなくて教師として生きようと思ったのかもしれないよね。あとは『萬画 仮面ライダーバスター』(東映特撮ファンクラブ配信)で描かれた先代バスターの亀センが教師だったのも関係しているかもしれない。まぁ、今後の尾上の人生がどうなるかは僕も楽しみにしているところでありますね。

——蓮はデザストや賢神との関係性についても決着がつきましたが。

富樫 一緒にいる中で徐々にデザストに感情移入するようになってきたけど、最後は自分の中の存在意義をかけての勝負だったように思います。

岡 「俺の賢人くん」は?(笑)

富樫 よく、賢人フォームなんて言われてましたけど(笑)。

内藤 依存してる、みたいな(笑)。

富樫 それも卒業して、最終的には肩を並べる存在になれたと思っています。

内藤 なんでなれたの?

富樫 そこはやっぱり相方のデザストの存在じゃないですかね。

岡 相方なのか(笑)。

富樫 特にデザストが「お前はそのままでいいんだよ」って言ってくれたのが大きかったです。

岡 デザスト、めっちゃいい役になったよね。

生島 過去に大勢の剣士を殺めてきたけど。

市川 それも受け止めた上で成長したわけだね。

富樫 そう思います。振り返るとデザストとのお芝居は最初、苦戦してたんですよ。普段から内藤さんを見習って来たつもりですが、スーツの怪人相手だと表情が読み取れないですから。それでも終盤は自分なりに想像して、気持ちを込めてデザストと芝居ができるようになりました。

岡 45話の賢神との戦いは、1アシスト、1撃破で蓮とけっこういいコンビだった。

富樫 あそこであえてデザストアルターライドブックを使って、カラミティ・ストライクで賢神を倒したので、デザストの存在意義を見出すことができたんじゃないかと思います。

岡 あの場面、よかったよねぇ。

富樫 最終回を迎えるに当たって思ったのが、僕らは基本、自分の出番だけなので、すべての現場を乗り越えてきたスタッフさんの熱量には敵わないなって。だけど、「これを撮りたい」という思いにはきちんと応えたいと演じたつもりです。現場的には大変だったけど、その分忘れられないですね。

岡 46話ではバスターとコンビだったけど、2人とも強化フォームがそれほどない中、賢神と渡り合ったのでかなり善戦したんじゃないでしょうか。本当は最後、ブレーメンになってほしかった気持ちもあるけど、あのハードな場面で奇声を発するわけには……(笑)。

市川 温度感が難しいところだね。

岡 そうなんです。

生島 46・47話は石田監督も(アクション監督の渡辺)淳さんも、それぞれに見せ場を作ろうと考えてくださって愛を感じましたね。

岡 バスターが賢神を羽交い絞めにして「撃て!」と叫ぶのも絆があるからこそで、僕は「お前だったら必ず耐えるだろう」って気持ちでアフレコしたんですよ。だから、あれはバスターの装甲と尾上という人間を信じての一撃。僕としては実にキレイな形で決着をつけられたと思っています。

内藤 いや、こうしてみんなの話を聞いていて、改めて役柄や作品への思いを強く感じました。

——では最後に、内藤さんから〆の一言をいただければ。

内藤 劇中、飛羽真は、「自分ひとりで世界を救う!」くらいの強い気持ちを抱いていたけど、最終回に向かうに従って、みんなの飛羽真への想いを感じるようになったんです。だから、最後はみんなの思いを受け取った上で、自分が立たなくちゃいけないんだなって。結末としては、自分も元の世界に戻ることができて、また新たな物語を語る立場になったけど、それはこのメンバーがいたからだと思うし、本当によかった!『セイバー』という作品にとっても、これ以上の結末はないんじゃないかと思いますね。

最終回に向かうに従って、
みんなの飛羽真への想いを感じるように
なったんです。(内藤)

アンジェラ芽衣 × 庄野崎 謙

［神代玲花／仮面ライダーサーベラ役］

［神代凌牙／仮面ライダーデュランダル役］

マスターロゴスに忠誠を誓うサウザンベース所属の剣士・神代玲花／仮面ライダーサーベラと、その兄・神代凌牙／仮面ライダーデュランダル。己の使命に一途な兄と、その兄を過剰に慕う妹――2人が劇中で見せた兄妹愛はいかにして生み出されたのか？　その軌跡に迫る兄妹対談！

撮影◎遠山高広（MONSTERS）
取材・構成◎齋藤貴義

人見知りの兄妹

――最初に顔合わせをした頃のことは覚えていらっしゃいますか？

アンジェラ　最初は全然話せなかったんですよ。私、人見知りだし。

庄野崎　ワタシも人見知り。メイク部屋でもなんか鏡越しに話してたね。

アンジェラ　だから、なんとか仲良くなろうと思って、最初の頃はめっちゃくっついてまわってて共通点を探していました。

庄野崎　えっ、そうだったの？　それにまったく気づかなかった俺もどうかしてるけど（笑）。

アンジェラ　最初は「お兄様」の呼び方の他にも親しみを込めようと思って、「お兄ちゃん」とも言ってみたりして。

庄野崎　そうそう！「お兄ちゃん」って言ってたよね。

アンジェラ　その後、お兄様に一本化です。そもそも「お兄様」って言葉、普通は言わないじゃないですか。でも、言い慣れないといけないなと思って、ずっと口に出して言ってました。

庄野崎　ああ、なんかやたら「お兄様」って言ってくるなと思ったことあったわ。楽屋とかメイク部屋で。

アンジェラ　そういえば、劇中で「お兄様！」しか言ってなかった回ありましたよね？

庄野崎　「お兄様！」の3連発とかね。

アンジェラ　台本読んだら「お兄様」しか書いとらん！　みたいな。（一同笑）

――それぞれ、凌牙、玲花というキャラクターをどういうイメージで考えられていましたか？

庄野崎　言いたいこと、最小限しか喋らないみたいな感じですかね。

アンジェラ　私がそれを汲み取る。

庄野崎　それもあって、この2人の関係というのがちゃんとできてる状態で演じられたのかな。

――玲花も劇中ではクールビューティーですからね。

アンジェラ　本番に臨む前、「私はクールビューティー」って口に出して自分に言い聞かせてましたね。お兄様が来てからは小声で言ってましたけど。

庄野崎　へぇ～！　僕が靴紐を結んでる隣で言ってた？

アンジェラ　そう、恥ずかしいから聞こえないように（笑）。初登場回が坂本（浩一）監督なんですけど、監督から最初に「クールビューティーだよ！」って言われたのが始まりなんですよ。監督が会うたびに「今日もクールビューティーだよ」っておっしゃるので、「はい！　クールビューティーいきます！」って（笑）。

――お兄様が来てから現場は変わりましたか？

アンジェラ　それまでいつも1人だったから楽しくなりましたね。それからお芝居の面でも相談に乗ってくれるので、そこでも助かりました。アフレコのときもお兄様がすごく親身になって相談に乗ってくれて。

庄野崎　家族会議ね。

アンジェラ　私、アフレコが苦手だったんですよ、あちこちで言ってますけど。最初は上堀内（佳寿也）監督が丁寧に指導してくれて、初めてなりにもいい感じでできたと思うんです。でもその後、「できなかったらどうしよう」って気持ちが芽生えちゃって。

庄野崎　苦手意識が強くなっちゃったんだよね。あの日も僕と玲花で一緒にアフレコをやってたんですけど、玲花だけ「もう1回」っていうのが続いて、なんとかしてあげたいなーと思って。

アンジェラ　そのときも「やり方はいっぱいあるし、声の出し方も何百通りもあるし……一番の問題は苦手意識だと思うよ」って言ってもらえて。それで、言われたことを次に実践してみたらすんなりいけたんです！

庄野崎　よかったよね。次のときにはすごく生き生きしてて、「おっ、どうしたどうした？」ってこっちがなるくらいよくなったし、監督にも褒められてたね。

アンジェラ　そう。そこからは波に乗るようにアフレコもできるようになりました。

――大剣を持つお芝居での苦労は？

アンジェラ　私は演技自体がまったくの初めてなので、むしろ持ってないと手持ち無沙汰になっちゃう感じでしたね。この手をどうしよう？って思って腕を組む、みたいな（笑）。最初は重かったんですけど慣れました。

庄野崎　僕のは本当に重かった。僕のか尾上さんのが1位と2位。持ってるだけで手がしびれてくるんですよ。だけど、撮影中はしっかり持ってないといけないし、そこからブックを取り出して変身するためにガチャッとハメてみたいな動作は難しかったですね。苦戦しました。でも、変身するって他のドラマやお芝居ではないから楽しかったよね。

アンジェラ　楽しかったです。

庄野崎　変身ポーズの撮影で「ストップ！」って助監督さんが目の前に入ってきて、こちらがカニ歩きで外れると、そこに変身後を演じる今井（靖彦）さんだったり宮澤（雪）さんがスッと入って来て。すごく新鮮で楽しかった。

アンジェラ　私は雪と仲良くなれましたね。同い年で、他にも共通点が多かったので。アクションの撮影で悩んだとき、雪のところに「どうしたらいいかな？」って相談に行くとできることを教えてくれる。「ちょっとここで足を引いたりすると動きがあってカッコいいよ」とか。

庄野崎　2人を見ていて、ああ、いい関係なんだなって思ってたよ。

――デュランダルの今井さんとは？

庄野崎　もうベテランの方ですから、僕か

ら何かリクエストできるようなことはありませんでした。むしろ、逆にお好きにやっていただけたら僕はそれで満足ですっていうスタンスで。ただ、ブレイズとの戦いでデュランダルとしてのセリフが台本にあったんですよ。そのときは今井さんから朝イチで「ちょっとここなんだけど、どうしたらいいかな?」って連絡をいただいて、「じゃあ、僕が変身前にそのセリフ言いますね」みたいなことがありました。デュランダルって必要最低限のことしか言わないし、変身したらもう戦闘モードなので、言葉よりも行動で示すタイプなんです。今井さんはそこを理解されているわけですよ。それは僕も嬉しくて、僕がここはしっかり頑張ろうって感じでやらせてもらいました。

兄妹の絆を再確認

——おふたりは主人公と対立する役から仲間に立場が変わります。そこでお芝居の変化というのはあったんですか?

庄野崎 最終的にそうなるという展開は聞かされていました。だから、仲間になる前も「信念をもとに行動した結果、悪に見えてしまう」というところに気をつけましたね。自分たちの中にある正義を貫いているところが大事だなって。

アンジェラ 玲花は、飛羽真たちの仲間になってからはお兄様大好きが加速しましたね。飛羽真には気を許したわけでもなければ興味もない。

庄野崎 そういうところは最終回まで変わらなかったよね。

飛羽真たちと仲間になる前も「信念をもとに行動した結果、悪に見えてしまう」というところに気をつけて演じました。(庄野崎)

しょうのざき・けん：1987年12月4日生まれ。福岡県出身。2011年、テレビドラマ『俺の空 刑事編』主役オーディションで主役の座を勝ち取り俳優デビュー。主な出演作に、映画『劇場版ATARU THE FIRST LOVE & THE LAST KILL』『サイレント・トーキョー』、テレビドラマ『ATARU』『梅ちゃん先生』『探偵物語』『先生を消す方程式。』『西郷どん』など。

アンジェラ そう。それはゼンカイジャーとのコラボ回(『機界戦隊ゼンカイジャー』第20カイ!「剣士と界賊、兄の誓い。」)でも同じで。

庄野崎 あのコラボは本当にありがたかった。

アンジェラ あれがあったから46話の兄妹のシーンに……。

庄野崎 繋がったよね。あの回でガオーンに「妹さんのこと大好きなんですね」みたいなことを聞かれて、「小さい頃からずっと一緒だった玲花を失うことなんて考えられない」って言うくだりは最初、諸田(敏)監督から「ちょっと恥ずかしそうに」という演出があったんです。でも、ちょっと考えまして……。今までは玲花の一方通行の気持ちに対して何も返していないけど、それは剣士として生きていく上で甘さが生まれてしまう、という凌牙の気持ちなんですね。でも、あのときは玲花は連れ去られてそこにいない。それで、監督に「僕が『玲花を失うことは考えられない』っていうのは当たり前のことで、恥ずかしくも何ともないんですよ」と話をさせてもらって、ガオーンに淡々と妹について語るという芝居になったんです。女装の圧をかけながら……。

アンジェラ (笑) すごい絵面ですごくいいこと言ってるな!って思って観てました。そこで、本編でスポットが当てられてなかった「兄妹愛」という部分が出てきて、お兄様も玲花のことを妹として大好きというのが描かれてからの46話だったから……。あのとき、台本だと変身解除のタイミングはもっと最後のほうだったんですけど、石田(秀範)監督が「ちょっと玲花の変身解除を早めよう」って指示を出してくれたんですよ。

庄野崎　石田監督、玲花のこと好きだよね(笑)。僕がマスターに操られた回でも台本より前のタイミングで「玲花！　お前、ここで変身解除だ」みたいなことおっしゃって。アンジェもいい芝居をしてたし。

アンジェラ　ホントですか？　ありがとうございます(笑)。

庄野崎　46話といえば最後、玲花が僕のヤリを盗んで刺す、あのシーン。

アンジェラ　違う！(笑)　あれは拝借したの！

庄野崎　あそこで……ホント、僕はちょっと涙が出てきました。

アンジェラ　テストが終わると、普通はメイクさんが直してくださるんですけど……あのときは、石田さんが「いいからそのまま行け！　気を抜くな！」って。

庄野崎　直しなんかもう必要ない！ってね。それもよかったよね。

アンジェラ　それで、あのシーンができました。監督もめっちゃ褒めてくれて嬉しかったです。

――そういえば、39話以降のオープニングから、楽しそうにやりとりするおふたりのカットが加わってましたよね。あれはどんなイメージで撮影を？

庄野崎　あの撮影の日は朝イチから夜近くまでロケ撮影で、「今から何があるんだろう？」って思いながら2人で大泉(東映東京撮影所)に帰ってきたんだよね。

アンジェラ　どこの？　何を撮るの？って。

飛羽真の仲間になってからはお兄様大好きが加速しましたね。飛羽真に気を許したわけでもなければ興味もない。(アンジェラ)

あんじぇら・めい：
1997年4月29日生まれ。埼玉県出身。東京ガールズコレクション、ガールズアワードなどのファッションショーに多数出演。『10頭身ハーフモデル』としてTV番組、ニュース各媒体で話題に。テレビ朝日「仮面ライダーセイバー」にてメインキャストの仮面ライダーサーベラ／神代玲花役として地上波ドラマ初出演をはたす。その他番組にも多数出演しており、ドラマ作品、バラエティ番組、ファッションショー出演などマルチに活動中。

庄野崎　「オープニングに差し込むシーンです」とは聞かされてたんですけど、何をどうするかあまりわかってなくて。それでスタジオに入ったら、「普段見せないことを自由に楽しげにやってください」って言われました。

アンジェラ　え？　さっきまでバチバチにやってたのに「自由に楽しく」とは？って(笑)。

庄野崎　それで、なんかよくわかんないまま……。

アンジェラ　気づいたらグリーンバックの中、お兄様が楽しそうに歩いてるんですよ！(笑)　これは何が始まってるんだ？って思いました。

庄野崎　よくわからないまま、手を広げて「おいで！」みたいな感じになっててね。あれ、ホントは前を歩いている尾上さんに向けてやってたつもりなんですよ。

アンジェラ　だって玲花に向けたものだと思うじゃない！(笑)　だから、私は「嬉しい！」ってそれに応えるポーズをしてみたんです。

庄野崎　なんで応えてんのよ？と思ったよ。でも、オンエアを観たらいい感じになっていて。本編とはちょっとズレたところで仲良しな一面が見せられたのはよかったかもね。(一同笑)

浅井宏輔 × 内藤秀一郎 × 渡辺 淳

［仮面ライダーセイバー／神山飛羽真］　［神山飛羽真／仮面ライダーセイバー］　［仮面ライダーセイバー アクション監督］

「仮面ライダーセイバー／神山飛羽真」を具現化した人たち。

仮面ライダーといえばなんといってもアクションが見どころ！ 本作では、華麗な剣戟のアクションが繰り広げられたが、その舞台裏はいかなるものなのだろうか？ また二人で一人の「神山飛羽真」を作り上げた道程は？ ここでは内藤さんが、仮面ライダーセイバーのスーツアクター・浅井宏輔さん、アクション監督の渡辺淳さんと共に、『セイバー』秘話を語り合う！

取材・構成◎トヨタトモヒサ

出会い、そしてアクション練習

――まずはそれぞれ、最初はどういった感じで接点を持たれたのでしょうか？

浅井　最初は…なんだっけ？

内藤　僕、浅井さんと顔を合わせたのは最初のホン読みの時に……「誰だろう……知らない男の人がいる？」って(笑)。

浅井「知らない男の人！」(一同笑)

渡辺　そんな前だっけ。

内藤　そうしたら、ホン読みの後で、「今回、仮面ライダーセイバー、1号ライダーをやらせてもらう浅井と申します。よろしくお願いいたします」って自己紹介して下さったのですが…もう、腰が低すぎて！「いや、ちょっと待ってください」って。

浅井　いや違う、そんなことない(笑)。

内藤　僕は初めて起用していただいた立場なので、むしろこっちが頭をいっぱい下げなくちゃいけないくらいで。最初は何より、浅井さんのその腰の低さに驚きました。

浅井　ほんとに？(笑)

内藤　ほんとですよ！「この先この人とやっていくんだ」って思って安心しました。いい人そうで…最初は(笑)。

浅井「最初は」(笑)前振りですか(笑)。

――浅井さんはご自身も初の1号ライダーを務められるということで、主演がどういう方か知りたくてその場に？

浅井　そうですね。初対面はそこですが、僕は(主演の)お名前教えて頂いた時点で、プロフィールを調べたんですよ。今はネットで事前に情報が検索できるじゃないですか。「ないとう…しゅういちろう……」って調べて。そうしたら、身長がとてつもなく大きくて！そこでまず怯んだんです(笑)。

一同(笑)

浅井　一番気になるというか……しかも10cmも違うから！そこがまず大丈夫かなって。それで最初にご挨拶に行ってみたら「ホントにでかいな」って(笑)。

内藤　僕たちの方にはそういう(体形がちがうとかの)心配はなかったですね。キャスト同士で「自分のアクターさんどうだった？」と話していて、「めっちゃいい人そうだったー」って。皆さん本当にいい人ばかりなんですけど、まずはその安心感から始まったところがありました。

――渡辺さんとの接点は？

渡辺　アクション練習だったかな。

内藤　ですね、ですね！

浅井　何回かやりましたよね。

渡辺　3人の時じゃなかったっけ？

内藤　俺と賢人(青木 瞭さん)と倫太郎(山口貴也さん)、芽依ちゃん(川津明日香さん)、浅井さん、(渡辺)淳さん、中田(裕士)さん、永徳さん、あと藤田(慧)さんがいました。

渡辺　たしかその時、変身ポーズを決めなきゃいけないねって言ってて。それで柴崎(貴行)監督と「それちょっと決めたいね」って。それで3人(内藤さん、青木さん、山口さん)練習したのもあったよね。

内藤　しました、しました！

浅井　動画撮りましたよね。

内藤　まだ持ってますもん、その動画。

渡辺　で(変身ポーズとか)これで行こうって。

――動いてもらって、どんな風な印象とかありましたか？

浅井　あの…転がり…転がりが……(笑ってしまって言葉が出ない)。

内藤　ありましたね～！

浅井　(話し出す前から笑いつつ)普通に受け身の練習だったんですが、僕が普通に受け身したら彼(内藤)が大爆笑してて(笑)。

内藤　だって受け身なんてやらないですもん、日常で！無理だーって(笑)

浅井　(自分が受け身を)パーン！ってやったら大爆笑してて！「いや真面目にやってんだけどなー」って(笑)。その爆笑具合が面白くて(笑)。

渡辺　あと剣の扱いとかをやったよね。今年は剣士だから。剣は扱わなきゃいけないからこれはマストかなって。みんなでやりましたね。で、変身ポーズを決めなくちゃいけないってことで、柴崎監督も交えて、3人に練習してもらったんだよね。

――変身ポーズはそのアクション練習の時に決めたって感じなんですか？

浅井　なんかちょっと事前に……。

渡辺　そうだ、浅井と中田と永徳に事前にポーズのお題を振っておいて、それぞれ一対一で覚えてもらいました。

浅井　事前にそれぞれのキャラのモチーフになる動きが決まっていたんですよ。セイバーなら(マスクのデザインに合わせて)バッテンの動きが、とかそういうのも踏まえて考えといてーって。で、秀くん(内藤)にもイメージがあって。で、擦り合わせて「こういうのがいいです」っていうのを見て頂いて……それでも何パターンかあった中で、映像でみんなとか最終的に監督にも見て頂いて決まったんですよね。

――じゃあ内藤さんの方でアイディア出した動きもあったんですか？

内藤　ありました！やっぱり自分なりにカッコいいポーズにしたくて。

浅井　大事(笑)。

内藤　浅井さんが持ってきてくれたポーズがシンプルにカッコよくて！「あ、これにちょっと付け加えてみようかな」って。自分も案出していいって言われたし一年間使うポーズだし、……なにか自分で考えたポーズも入れたかったんです。バッテンの後の決めポーズとか「こっちでもいいですか？」って。

渡辺　変身ポーズはそれぞれにやりたいことをね。

内藤　そうですね、やらせてくれました。

渡辺　その方が絶対思い入れが出来るでしょう？他人に決められたものをやるよりも「自分でこういう風にやりたい」って決めて最終的にやった方が「自分の変身」って思い入れが出来ると思うので。「どういう風にしますか？」って言われるときもあるんですが、「やってみたいのある？」って聞いて見せて貰って。良ければそのまま採用するし、カッコ悪ければ良くなるようにアドバイスもするし。もちろん僕も色々と考えます。飛羽真だったら顔にバッテンあるからこういうの(剣をクロスに振る)やってみたいねとか。ブレイズのデザインはこうなって(ハネ)てるんで、そこを取り入れてとか。それぞれそういうヒントは渡して……あとはそれぞれのキャラクター(のキャストとアクター)に任せるというか。

浅井さんとの距離が縮まって……話すことが一番大事だった。(内藤)

飛羽真とセイバーがひとつに

——撮影に入ってからのエピソードもうかがえればと思います。現場で初めて浅井さん演じるセイバーをご覧になっていかがでしたか？

内藤　めっちゃ、興奮しました！　PR映像の撮影とかでは、まだ自分がライダーなんだって実感があまりなかったんですよ。憧れの感覚の方があったというか「あれが自分なんだ」っていうイメージがその頃はまだなくて。でも、浅井さんのスーツ着てる姿を見て、そこでやっと「あ、俺、仮面ライダーになったんだな」って。初めて見たときは感動して仕事っていうの忘れてました(笑)。楽しくてしかたなかったです。

浅井　(笑)

——浅井さんは実際現場でスーツを着て、剣のアクションをやられてみていかがでしたか？

浅井　この(肩の)ドラゴンの存在がめっちゃヤバいなって。

内藤　それずっと言ってましたね(笑)。

浅井　その…何と言ったらいいですかね、テストの時はマスクもドラゴンも付けてない状態で。相手の方と芝居やアクションをやる中で何回か修整入ったりする時に、一回全部つけてやってみて、マスク外して修整入れてからまた芝居するときに、気持ちはもうそのカットに乗ってるんでそのまま行きたいんですけど、最初のころはその勢いのまま行っちゃうんで、この肩のドラゴンが……これ取れるんですけど取り外ししないまま行っちゃうから何回も顔に(当たって)……「こりゃ一回落ち着かないとな」って(笑)。

——1話で怪人に一太刀浴びせる前の開脚飛びが印象に残りました。

浅井　あれは淳さんのアイディアで。

渡辺　馬飛びですね(笑)。

内藤　あそこ、カッコいいですよねー！　まだ僕の気持ちが(浅井さんに)融合できてないくらいの頃だったので、あんなカッコいいアクションみて「自分も開脚しなきゃ！」って思いましたもん(笑)。

浅井　(笑)セイバーのアクションは華麗な剣戟イメージなんですけど、でも飛羽真って実際には剣士じゃないじゃないですか。台本を読んだ自分の印象だと「守りたい一心のがむしゃらさかな」って部分もありつつ、でもアクションとして見せなきゃいけないカッコよさも必要だったり……その割り切り具合というか、葛藤はありました。そこが1話の中では難しいなって。

内藤　難しかったですねぇ！

——1話の段階ではまだ一体化出来てなかったというお話が出ましたが、どのあたりから近づいていったとかありますか？

内藤　浅井さんとの距離が縮まって……たくさん話すようになったんです。話すことが一番大事だった。最初は自分のことでいっぱいいっぱいで。素面のアクションもだしもちろん芝居もだし。言われたことをまずやって、っていう。ひたすらそれでもう追いつかなくて。でもどこかのタイミングで話すようになって。最初から浅井さんは「(内藤くんは)こういう気持ちなんだよね？」「どう？　飛羽真が大事だから」ってめちゃくちゃ大事にしてくれて飛羽真を。なので僕もすごい意見言いやすくて。でも「だからこういう風に動いて」じゃなくて、僕の意見を汲み取って浅井さんが動いてくれるので……途中からは「ここはこういう気持ちなので」とか話したら浅井さんはそれに合わせて変えてくれるので……いつから融合したかわかんないんですけど、いつのまにか自分の中でしっくり来るようになりました。

——浅井さんの方はどのあたりで飛羽真をつかめたとかありますか？

浅井　僕は……最後まで迷ってたんで(苦笑)。つかめたというか、好きだなって思ったのは石田監督回で、腕折れて生身になってストリウスにボコボコにされる場面が……あそこはもともと飛羽真じゃなかったんですよ。セイバーのままやられるって流れで。

渡辺　あそこは俺が石田監督に「飛羽真に戻していいですか」って差し込んだの。クリムゾンのフォームで戦ってて、やられたあともそのままのフォームでってことだったんですが、変身解除するか普通のフォームに戻るとかしないと、やられた感が見えないからってことで……アクション打ち合わせかな？　そこで監督と相談させてもらって…でも「生身になって戦いすぎると死んじゃいますよね」って言ったら監督が「いや飛羽真はそこでどんどん傷ついていった方がいいな？」って。それでその場面は内藤くんで行こうってことになりましたね。

浅井　そこが僕としてはなんだか凄く印象的で。今までは小説家でいて、戦うときはセイバーだからどうしても自分(浅井さん本人)が出ちゃうというか自分にしか見えないので…。どう見ても飛羽真が変身しているように見えていないことが多くて。秀くんが変身したように見えていないことが気になって。でも、あの回で、帽子も取れて必死になりながら剣を持って戦ってる、実は本当はそういう必死な気持ちで戦ってるっていう、飛羽真として怪人と戦ってる姿が見えたのが、それにすごく救われたというか。それで自分が演じてきた飛羽真の気持ちの方向性は間違っていなかったんだな、と。少し自信が持てた気がします。

内藤　僕もあそこ素面でいたかったので……そしたら淳さんがそれを推したって言ってくれて……「ありがとうございます！」って(笑)。やってみたらめちゃくちゃ大変だったんですけど、でもすごい力入って…！　確かにあそこで(飛羽真とセイバーが)つながった感じありますね！

浅井　難しいですよね。いくらマスクつけて、同じように痛みだったりそういう表現をお面をつけてやってても、やっぱり表情が出てる生身の人間が必死になってる姿の説得力って、絶対違うって気がするんですよね。あそこで飛羽真が必死になって守ろうとしている姿が、僕はいいなって思えて。「あ、飛羽真ってセイバーなんだな」ってそこで客観的に思えたんです。自分がどうとかじゃなくて、ほんとに戦ってるんだなっ

自分が演じてきた飛羽真の気持ちの方向性は間違っていなかったんだな、と。（浅井）

て。（「仮面ライダークウガ」で）五代雄介が最後に生身で殴り合ってる的な（笑）。本当は仮面の下で必死な顔して戦ってるんだっていう演出にも見えたところが個人的にすごく好きなところです。飛羽真がカッコよく見えたんですよね。

――各話のアクションについてはいかがですか？　11話のゴブリンメギド戦ではカメラを振って1カット変身を表現されていましたが。

渡辺　飛羽真が斬撃を飛ばして敵を蹴散らしてる間に「浅井、走ってけ！」って。

浅井　瞬間的にトラ（トランポリン）を踏んで行ったとこですね。

渡辺　飛羽真の後ろに浅井をスタンバイさせといて、カメラがパンしてる間に飛羽真と入れ替わりで浅井が走り込むっていう。

内藤　「ストップ変身」ではない、ああいう撮り方は初めてでした。

渡辺　最初の頃は合成空間に入ってたけど、やっぱりいろいろと工夫しないとね。単に斬撃飛ばして、戻ってきて変身も毎回同じだとつまらないし。でも変身って言っても「ストップ」とかもね、最初はわかんないよね？

内藤　わかんなかったです（笑）。「絶対うごくなよ！」って言われて、息も止めてましたもん最初。

浅井　（笑）

内藤　撮影は大変だったけど、すごく力が入ったし、浅井さんのセイバーと飛羽真が繋がった感じがありましたね。

――13話でドラゴニックナイトの、セリフを言いながらのブックを装填していく変身場面なども印象的です。

浅井　僕も好きですね（笑）。セイバー、最初の1クールは意外とフォームチェンジがなくて…いっぱい付け替えはあったんですけど。ちゃんとした中間形態でのパワーアップだったので。

内藤　あそこは言いたいことあるんですけど（笑）。ドラゴニックナイトって初めてのセイバーの強化で超楽しみにしてたら、あの回で賢人消えるからドラマ的にはそっちに振られてて……。せっかくあんなにカッコいいドラゴニックナイトに変身するのにって！（笑）

浅井　（笑）ドラゴニックナイトの変身もアイディア出してくれたよね？

内藤　あ、そうですね！　あそこはなんか、綺麗にやりたくなかったので……でも考えて持って行った訳じゃなくて、現場で気持ちが乗ったまま行きたくて…、倒れてて、ドラゴニックナイトのブックを手にして、でナチュラルに出てきたポーズにしようって思って……で、剣をぐっと前に出してっていう形になりました。あそこ、思い出深いですね。

――浅井さんが演じた中で、セイバーのこの場面は印象に残ったとかありますか？

浅井　後半だと44話、杉原（輝昭監督）組でストリウスが変身してデスフォールする瞬間に、セイバーが焦ってバリア張る場面、クロスセイバーが囲い込まれてる必死さが表現出来たかなって。ほかには、そのドラゴニックナイトの一連でアイテムの扱いをアップで見せられたのが嬉しくて。倫太郎がデュランダルの人質になったところでセイバーが変身解除するところも。あそこは「変身解除はこうやるんだよ」って見せられたかなって（笑）。あの場面は坂本監督も何度も付き合ってくださって丁寧に撮ってくれて……でも終わった後に土井（健生プロデューサー）さんに「あそこは一発で抜けばよかったのに」って言われて（笑）。そんなにこだわらなくてよかったのかもだけど放映観てた子どもたちはああやって変身解除してくれるかなって。

内藤　浅井さんの変身解除の仕方、一番カッコいいですしね！

――渡辺さんはいかがでしょう？

渡辺　1話にひとつ、印象に残るカットを入れられたらなって思ってたんですけど、最初のころで言うとセイバーが賢人の雷鳴剣を使う時があって、あの辺のくだりで抜刀しながらとかは印象に残ってますね。あとプリミティブ（ドラゴン）の暴走してる感じとかはいろいろ……最初にプリミティブに変身した時とかは太陽バックにカッコよくやれて好きですね。

浅井　僕、あそこは周りがまったく見えなかったですね（笑）。夕景で逆光っていう……ストリウスたち全然見えなかった。あそこは淳さんとアクション練習して、結構相談もさせて貰って。

渡辺　ああいうトリッキーな感じの動きができたの、プリミティブだけだもんね。

浅井　そうですね。「手」が使えたというか。

渡辺　エレメンタル（ドラゴン）になっちゃったら、合成に負うところもあったんで。あと、ネコメギドと戦ったところ（30話）ですね。あそこもなにか変わったことやりたいねって石田監督に相談したら「全然いいよ」ってことだったので、Vコン撮ってみんなでいろいろやってみて、長回し風のやつを。あそこもこだわって、結構時間かけたよね。

浅井　そうですね、二日間くらいかけましたね。

渡辺　最後の飛羽真、倫太郎、賢人の３人で戦うところもブック使ったりとかやって。

浅井　来週放送分ですね（取材は47話前）。

渡辺　台本には「様々なライドブックが攻撃を」って書いてあって「どゆこと!?」って（笑）。本当は今まで出てない本とかも使おうと思ったんですよ。でも効果がよく伝わらないかなって思って、今まで彼らが使った本をそれぞれ使えばいいかなって。みんなの武器も使うし、それぞれの本も使うしでいいかなって。セイバーって僕的には「合成が派手」っていう特徴があるのかなと思っているので。肉弾戦というよりはエフェクトで見せるっていう世界観が僕は好きだったんで最後にそういうところもたくさん見せられてよかったです。割とそういうのは要所要所に出来たかなって。

――38話のセイバー×ファルシオン戦で、斬り掛かる一太刀目は飛羽真、二太刀目の瞬間はセ

わたなべ・じゅん
1982年6月21日生まれ。兵庫県出身。プレイヤーでもあり、初のレギュラーヒーローは「獣拳戦隊ゲキレンジャー」のゲキチョッパー役。「仮面ライダーウィザード」から「仮面ライダービルド」までの全作品で仮面ライダー役を担当。近年イベントなどで求められるポーズは「仮面ライダードライブ」の仮面ライダーマッハや、「仮面ライダービルド」のナイトローグが多いとか。またVシネクスト「ビルド NEW WORLD」よりアクション監督デビュー。テレビシリーズでは「仮面ライダーゼロワン」、そして本作「仮面ライダーセイバー」に続き、現在「仮面ライダーリバイス」のアクション監督として、現場にVコンを取り入れるなど日々新しい手法や表現に挑戦している。

あさい・こうすけ
1983年12月12日生まれ。愛知県出身。「獣電戦隊キョウリュウジャー」のキョウリュウグリーン役が初のレギュラーヒーロー。「手裏剣戦隊ニンニンジャー」のアカニンジャー、「動物戦隊ジュウオウジャー」のジュウオウワイークル、「快盗戦隊ルパンレンジャーVS警察戦隊パトレンジャー」はルパンレッドを演じている。「仮面ライダーエグゼイド」では仮面ライダークロノス、「仮面ライダーゼロワン」は仮面ライダーバルカン、そして「仮面ライダーセイバー」にて、自身初の主役ライダー／仮面ライダーセイバーを演じた。彼自身が仮面ライダーセイバーを務めたステージ「仮面ライダースーパーライブ2021　愛知公演」では目当てのファンがつどったほど。

芝居として戦ってほしいんです。気持ちで動くっていうのがすごい好きなので。（渡辺）

イバーになっていましたが、そこの一体感素晴らしかったですね！

内藤　あそこも大変でしたね。……大変でした。

渡辺　そうなの？

内藤　怖かったですもん。走り慣れてない上に剣を振る、っていうのが本当に難しくて。勢いを乗っけたまま行きたいけど、そのまま行ったら絶対怪我するなって……でもそこでスピード落として迫力ない感じにするのも、気持ち乗ってないなぁって思われるのもいやだし。どっちを優先すればいいかなって……難しかったですね。

浅井　そうですね、剣を振る時に秀くんはこう……剣を押し込む癖があるんですよ。そこを意識したつもりがちょっと押し込めてなかったのが反省点ですかね。

内藤　（笑）すごい反省点!!!

浅井　どうでもいいところなんですけどね、個人的に気になっちゃって（笑）。あそこ、同じ動きするじゃないですか。観てる方も別に何も違和感ないだろうし、それでOK貰ってるし問題もないんですけど……でも自分で見た時に「ああ……浅井がおるわ」って反省を（笑）。

内藤　でも浅井さんのそういうひとつひとつ細かい調整で、俺はセイバーに見えてたんだなって改めて思いますよ、こういうお話聞くと。

――回を重ねるごとに変身前のアクション場面も増えていきましたが、内藤さんご自身アクションへの手応えは？

内藤　ちょっと戻りますが、9話の坂本（浩一監督）組で、初めて攻撃系のアクションをやったんです。今までカッコよく見せるアクションは浅井さんがやっていて、逆に僕はダメージを食らって転がるアクションが多かったので「自分で表現できるのか？」って。最初はすごく不安で浅井さんに一対一でいっぱい教えてもらいました。「必死に戦ってるって感情を忘れなければちゃんと見えるから」って。その言葉はずっと大事にしてて。セイバーは僕で、僕が戦えばそれはセイバーの戦いなので……っていうのを浅井さんがいつも言ってくれるので。

渡辺　いつもそうなんですけど、僕らはアクションをやってほしいんじゃなくて、あくまで芝居として戦ってほしいんです。もちろん手は付けるけど、芝居としてやり難ければ変えてもらっても全然いいし。自分もプレイヤーだった時はそうだったんですけど、気持ちで動くっていうのがすごい好きなので。バーッて行ってこの勢いで行くから次はこっちの手が出ますっていう方が好きなんです。彼は飛羽真として一生懸命やってるのがいいなって思います。それこそ、後半、31話の飛羽真と倫太郎が一対一で戦う場面は、撮影の数日前に練習の場を設けて、2人に「手よりも気持ちでぶつかり合って欲しい」と伝えてやってもらいました。倫太郎と飛羽真と浅井で練習して。そこは気持ちでぶつかり合う感じにしてって。石田監督も来られて、色々アドバイスされていたし、結果すごく良い場面になったよね。

内藤　剣の扱いが意外と難しいんですよね。倫太郎（山口さん）と傷だらけでがんばりました。

渡辺　そこは僕らでも難しいところ。言ってしまえば、鍛錬が足りてない中、よくあそこまで頑張ったと思うよ。アクション用の剣でも重たいのに「腕、折れるんじゃないかな？」って思ったもん。

浅井　秀くんは感覚がいいんですよね。一度身に着くと、一気に気持ちが入って。

内藤　ありがとうございます！

渡辺　それと思ったのが、僕らと全然歩幅が違う。僕らの一歩で考えていると、全然先に行っちゃうから、彼らは（笑）。

内藤　そこ、ちょっと悩みです！（笑）

アフレコと気持ちの芝居

――浅井さん演じるセイバーへ声を入れることについてはいかがですか？

浅井　先に言います。謝りたい！（笑）

内藤　いや、僕は浅井さんには感謝しかなくて！　2人で話してる時にいつも言ってるんですけど。浅井さんじゃなかったらほんと声うまく入らないくらい……！　そのくらい信頼してて。いつも浅井さんがすごい考えて動いてくれてて、だから僕最初から声入れにくいなんてことなかったんですよ。それは全部浅井さんのおかげだなーって思って……。でもそういう話すると浅井さんが「セイバーは秀くんだから、好きなようにやって。僕が合わせるから」って。毎回現場で聞いてくれるんですよ、浅井さんが。「今の場面の気持ち、こうだったの？」って。僕からも聞いたりすることもあるんですけど、大事なシーンとかはいっぱいいっぱいになっちゃってたりすると浅井さんが声かけてくれて。ほかの誰でもない浅井さんとだったから最後まで気持ちよくセイバーやれたのかなって思ったりしました。性格的にもたぶんお互い似ている気がするんですよ、真面目ぶってるところとか（笑）。

浅井　真面目ぶってる！（爆笑）

内藤　浅井さんはめっちゃ真面目そうに見えるんだけど、けっこう砕けたところがありますよね？

渡辺　浅井は確かに真面目ぶってるけど（笑）、内藤くんは違うでしょ。

内藤　いや、僕も割とそうなので（笑）。

――浅井さんは完成した映像で内藤さんの声が入ったセイバーをご覧になっていかがですか？

浅井　そうですね、僕は今までやってきた経験でしかないその中で、『自分が思う秀くんがやる飛羽真』ならこう言うかなとかいろいろ考えるのですが、どこかに「自分がやってる」っていう表現を出したくなっちゃうところがあったと思うんですよね。それがちょっとした身振り手振りでも、自分の中で思う「飛羽真像」を映像で見ると「やろうとしてる」んですよ。それが……全部反省です。逆に違和感というか、そこに「自分（浅井）がやってます」って見えてしまってる……でもOKになってはいるので自分だからこそその反省なんです。18話の編集長をイエティメギドから助けたあと、最光剣に語り掛けるところで、「最後まであきらめたくなかった」っていう台詞のところ、自分はそこは「最後まであきらめたくない」＝「約束を守りたい」って強い気持ちがあるのかなって、そういう意味をこめて小指を出しちゃったんですよね。でも秀くんはそこは自然にさらっと台詞言ってて。でも自分は変にそこに想いを込めちゃってるせいでそこだけ浮いて見えるんですよ、僕には。そういうのがすごく違和感あったり……しかもクリムゾンだったから身体も赤いし手指も赤いからぱっと見何してるのかも分かりにくくて……(笑)。27話でレジエルとエレメンタルで戦うところ、あそこでレジエルたちがもともと人間だったってことがわかる。そこで僕は「お前も人間だったんだろう?」って手を差し伸べちゃったんですよ。そこがまた映像で見ると「(浅井が)やってんな」って(笑)。あそこは秀くんだったら手は差し伸べないんだなって。自分がキャラクターとして何か身振り手振りじゃないと表現出来てない、そこに自分が逃げているようにも見えちゃう。自分が演じているセイバーっていうキャラクターに浮いて見える違和感が要所にあるのが今回全部反省点です。

――でも内藤さんはアフレコ、入れやすいんですよね?

内藤　そうですね、僕には浅井さんの動きでセイバーなんだと思います。

浅井　う～ん(笑)。45話でバスターが「行け！　飛羽真！」と言って、僕は「はい！」と言って行こうとしたんだけど、秀くんは入れてないよね？

内藤　入れてないですね。

浅井　あれはたぶん、秀くんは入れたくなかったんだろうなって。でも自分はその場面は「はい！」で動いてて、そこがまた違和感が。ここの場面の秀くんが感じる飛羽真としてはここでは「はい！」って言いたくなかったんだなって思うのはあとで見てわかるっていう。僕としてはあそこは台詞もだけど敬愛する(バスターのスーツアクターの岡元)次郎さんに言われるわけだから、「はいっ！」と言いたくなる気持ちもあって(笑)。

内藤　でもそういう細かいところまで理解しようとしてくれちゃうからわかりやすいし僕にも伝わるので。

――すごい深い境地の話になりましたね！　渡辺さんはプレイヤーもされてますけど、こういう経験はあるものなのでしょうか？

渡辺　ありますね。今、浅井が言ってたことは分かります。確かに身振り手振りで伝えないとわかりづらいなって時もあるんですよ、どうしても。僕的には最初にやってみて「あれ、なんか違うのかな？」って時には戻してみて、気持ちで台詞言ってみてその動作が出たらやってみよう、出てこなかったらやめようって。割と自分の中ではそこで線引きしてたところありますね。悩んだ時には「芝居の流れで動いてみよう」って……それで「この動き出てこないな？」って時には、分かりづらいかもしれないけど気持ちが乗らないならやめようって。アフレコとかであとあと見てみて、「あそこはああいう風にしておいた方がよかったのかな」って気持ちになることもありましたし……そこはもう二人でひとりのキャラクターを演じているから絶対あることだと思います。でも、二人が同じ方向に向かっていれば僕はOKだと思ってて。僕が演じてた時も、変身前の子は自分なりに役を演じてくれたらいい、僕も同じようにやるし。それで最終的に向かう方向が同じだったら絶対大丈夫って。もしそれが別々の方向に行ってたとしてもお互いに歩み寄ればいいしって。そういう意味では浅井も内藤君も同じ方向に向かってたからこうやって一年間やっていけてよかったなって思えるんじゃないかな。アフレコを内藤君が「入れにくいな」ってならなかったってことは上手くいってたんじゃないかなって思います。だいたい役者さんがアクターとずっと同じ現場にいることってないんですよ、変身しちゃうから。でも内藤くんは変身後も出来る限り現場にいたり、アクションだけ収録する日も浅井を見に来てたり。それは他の役者陣もだけど、見られる時に見に来てくれたりしてたんで、アクションチームサイドとしてはありがたかったですね。

――内藤さんはなるべく変身後のお芝居も見ておこうと思われていたんですか？

内藤　そうですね、特に最初の方なんて分からないことも多いから。浅井さんのお芝居も現場で見ておいた方が熱量とかも感じるし。もしそこで疑問があったとしたらその場で相談出来るし。

渡辺　ね。その気持ちの部分で言うと、現場での話になるけど、僕らはキャストの芝居も見ているから、「この流れで変身するんだな」と乗せやすい面もあります。アクション監督としては、事前にコンテを組んで持っていきますが、現場で内藤くんの芝居を見て「ちょっとイメージが違うな」と思ったら、コンテを変えることもあれば、浅井発信で変えることもあるし。

浅井　自分はこうかな？って、狭い中で見てること多いですけど、淳さんから「こういう行き方で行こうと思うんだけど」って言われると「ああ、その考えはなかったなぁ」って。それでひとつ広がるというか。自分が「こうだから」ってハマっちゃってるところを淳さんが広い視野で見てくれるところがヒントになったりだとか、秀くんの気持ちだったりとかで広がったり。

渡辺　後半は内藤くんから「変身前のバッテンの動きやりますか？　ここはこう(横一閃)行きたいんですけど」と相談してきたこともあったよね。「ここは気持ち的にバーンと抜刀しただけで変身したいんですよ」って相談されたり。そこはもう演じる側の気持ちを優先してあげたいなって。どのキャラもみんなそうでしたね。

二人がセイバーであり、飛羽真

――終盤、ストリウスと戦う46話のラストも迫力がありました。

淳さんの視野や秀くんの気持ちを聞くことで広がるものがあったなと。(浅井)

アクションに対して余裕が生まれ、芝居も乗せられているということですよね。（渡辺）

内藤　あそこ怖かったですよ！　実際に3メートルくらいの穴が空いてるんです。「もっとギリギリ」「もっと行けるんじゃない？」と言われて頑張りました(笑)。でも、映像を観たらもっとギリギリまで行けたかなぁ。

浅井　いやいや。あそこ僕、吹き替えの準備して待機してたんだよ？(笑)

渡辺　終盤で、転がりや止まるタイミングも自分でだいたい分かると思ったので、内藤くんにやってもらいました。

内藤　もっと行けましたよね？

渡辺　でも、それが自分で分かるってことは「転がる」というアクションに対して余裕が生まれ、芝居も乗せられているということですよね。見ている側からして安心して任せられましたよ。

浅井　それこそ、最初のアクション練習で僕の転がりを見て「出来ない」って言っていた秀くんが、あそこまでしっかりお芝居としてやったわけですからね！(笑)

内藤　最初は焦りましたもん……。

浅井　「ホントにこんなこと自分がするの？」って(笑)。

内藤　振り返ってみると一番「転がり」って使いました(笑)。

――最終決戦で思い出に残るアクションはありますか？

内藤　最後、飛羽真と倫太郎と賢人が三人並んで、合わせて変身する場面は、僕がリクエストしました。

浅井　あーっ！

内藤　最初は3人バラバラで、それぞれに想いを乗せて変身するはずだったんですけど、僕が1人で戦って勝つわけじゃないので、同時変身のほうが、みんなの力を合わせて勝つ感じが出るのかなって。浅井さんに「気持ちがひとつになったんだよって見せたいんです」とお願いしたら、めっちゃカッコいいのをバシッと決めてくれて！

――いいお話なのに浅井さんが笑っちゃってますが。

浅井　(笑)　その前に、僕と永徳さんと中田くんで、各々出て行くタイミングを合わせて欲しいと言われて段取りまで済ませていたんですよ。で、いざ本番の直前で秀くんから同時変身の案が(笑)。

内藤　ポーズを決めて「ストップ」がかかって入れ替わった直後だったんですけど、その瞬間つい考えちゃって。「本番いきまーす！」と聞こえてきたのですが、ここで後悔するのはイヤだと思って。

浅井　僕ら3人ともマスクも付けていたけど一度脱いで(笑)。

渡辺　僕も見ていて「あ～内藤くんが浅井のところに行ったなぁ」と思ってたら、その場で変えることになって。「今、言う？」とは思ったけど(笑)、その提案に対して現場が「内藤が言うんだったらそうしよう！」となるのは、素直に「いいなぁ」と思いましたね。

浅井　僕が受け入れたから良かったんです(笑)。永徳さんぷりぷりしてましたが(笑)。

内藤　めっちゃドキドキしてました……。

渡辺　いや、それで良かったんだよ。石田監督も「いい」と言ってたわけだしね。

――最後に『セイバー』を終えて伝えたい気持ちあればお聞かせください。

内藤　僕は浅井さんには感謝の気持ちしかないですね。オールアップの時に浅井さんに言ったんですけど、僕の中では、単にセイバーになると浅井さんってことじゃなく、内藤秀一郎が神山飛羽真であり、セイバーであり、浅井さんも神山飛羽真であり、セイバーなんです。1年間、お互いに信頼関係を築くことができたのが本当に嬉しくて。自分だけの力ではなく、浅井さんと僕だからこそ、共に立つことできたんだと思います。本当に神山飛羽真と仮面ライダーセイバーを演じてくださってありがとうございました！

浅井　自分はこれまで「ライダーってこうじゃなきゃいけない」と縛られていた部分があったんですよね。なまじ好きなだけに強い拘りがあり過ぎて。でも、やっぱり作品は自分ひとりで作るものじゃないし、今回、秀くんや淳さんと色々と話させてもらって、その部分をすごく考えさせられたんです。キャストともこれまでは立ち入るのは失礼かなと思うこともあって、「察しよう」と敢えてしゃべらなかったりもしたんだけど、勇気を持って秀くんに話しかけてみたら、彼もまた同じことを考えているんだなって。みんな「良くしよう」と思っているのは間違いないので、話し合うことがすごく大事だなと改めてですけど、痛感しました。これからの自分がどうなっていくかわからないですが、改めての原点になるような、僕にとって「仮面ライダーセイバー」は自分の人生を変えてくれた大切な「作品」ですね。

渡辺　現場にはキャラクターがたくさんいる中、僕は全体を見ているわけですが、キャストもプレイヤーも演じるキャラへの思い入れは絶対に深いので、僕は「じゃあ、こうしよう」「これでやってみて？」と投げかけて、具現化してもらう立場なんです。そこに対して、内藤くんと浅井が1年神山飛羽真／仮面ライダーセイバーとして応えようとしてくれて1年経った時に、さっきの話じゃないですけど、「内藤が言うならそうしよう」と、石田監督が言うまでに持ってきたというのは、間違いなく内藤くんの成長です。もちろん、そこには浅井がセイバーとして一生懸命作ってきたからこそのものもあるし。僕はアクションの部分でいかにカッコよく魅せるかとか、2人が動きを作り上げるのを物語の中でいかにうまく見せるかってところから、時には「なんでそんなこと言うの？」ってこともあったと思うんですよ。でもそれを自分なりに一生懸命解釈して「これでどうですか？」ってやってくれるのはありがたいなって思いますね。これだけキャラがいて、それぞれ個性を出さなきゃいけない中、1年間キャストやプレイヤーがそこを作って来たからこそ、最後10人揃った時に、それぞれの戦い方を見せることができたと思います。アクション監督として僕が求めてきたものに対して、応えてくれた2人には感謝しかありませんね。

スタイリスト村瀬昌広氏が語る
衣装から見る、神山飛羽真とは。

「仮面ライダーセイバー」スタイルブックより

ゆったりとしたスリーピーススタイル。サルエルパンツにあわせたハイソックスがワンポイント。柴﨑監督がイメージされた「ファンタジックな小説家スタイル」。

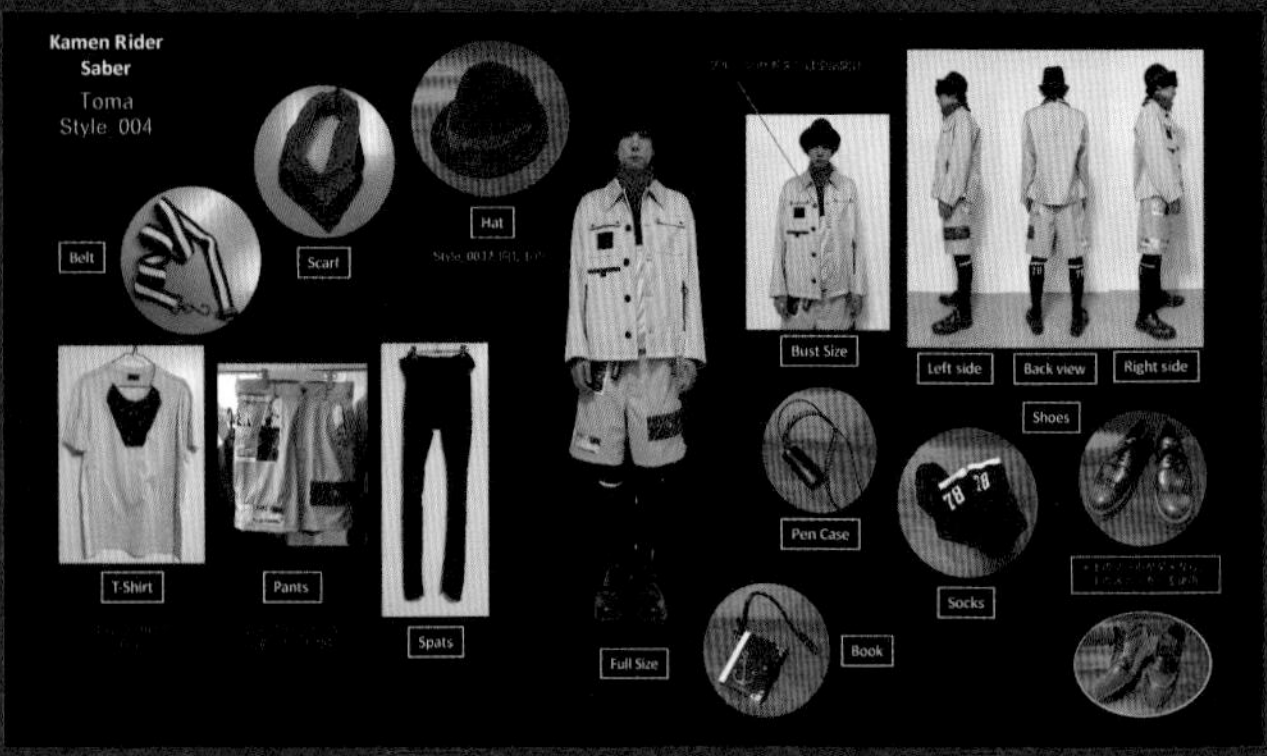

本編では一度も登場しなかったエンディングスタイル。よく「ブレイブドラゴンは赤なのに、なぜ黄色のジャケット？」と言われたが、柴﨑監督に助けを乞うと「戦隊じゃないから」。

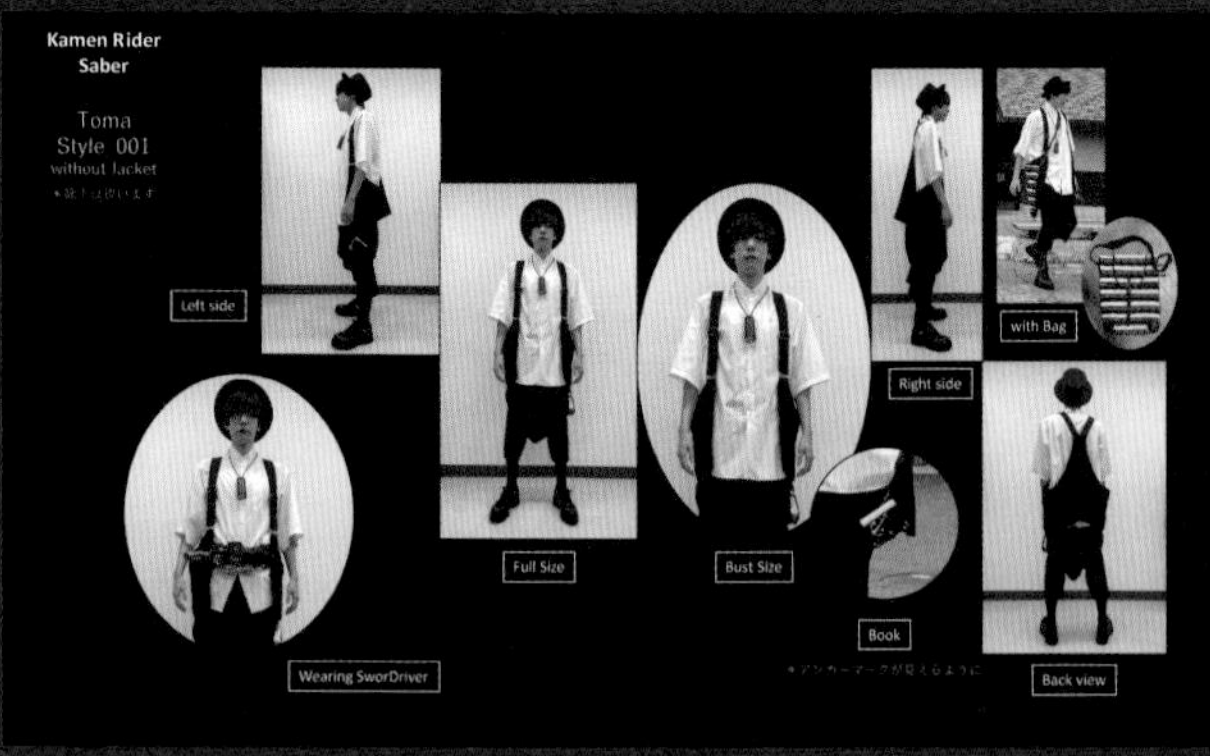

パイロット版のジャケットオフスタイル。バックディテールの大ぶりベストがかなりのインパクト。後ろ姿がゆるキャラのようにも見えてかわいい。

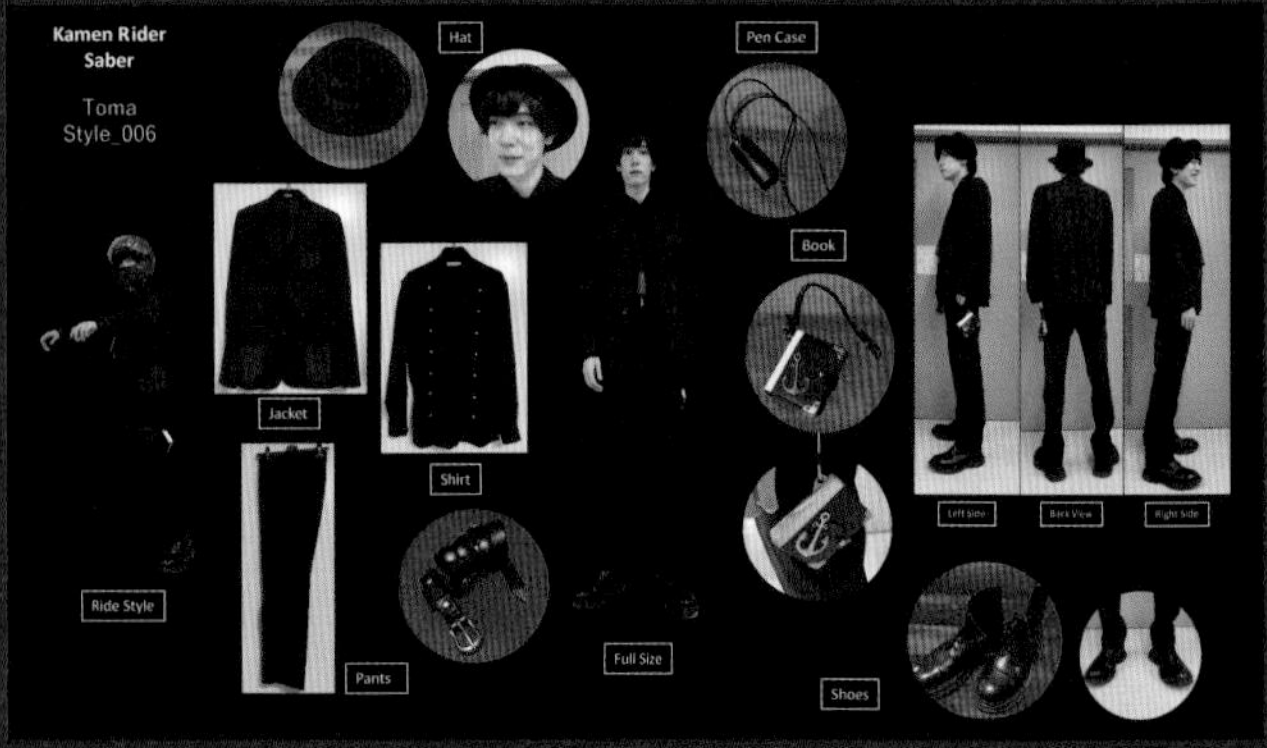

初めてバイクにまたがるシーン(第5章)を撮影するにあたって、内藤秀一郎さんと「スーツでいこうぜ！」と意気込んだスタイル。このマインドから、以降セットアップが多くなっていった。

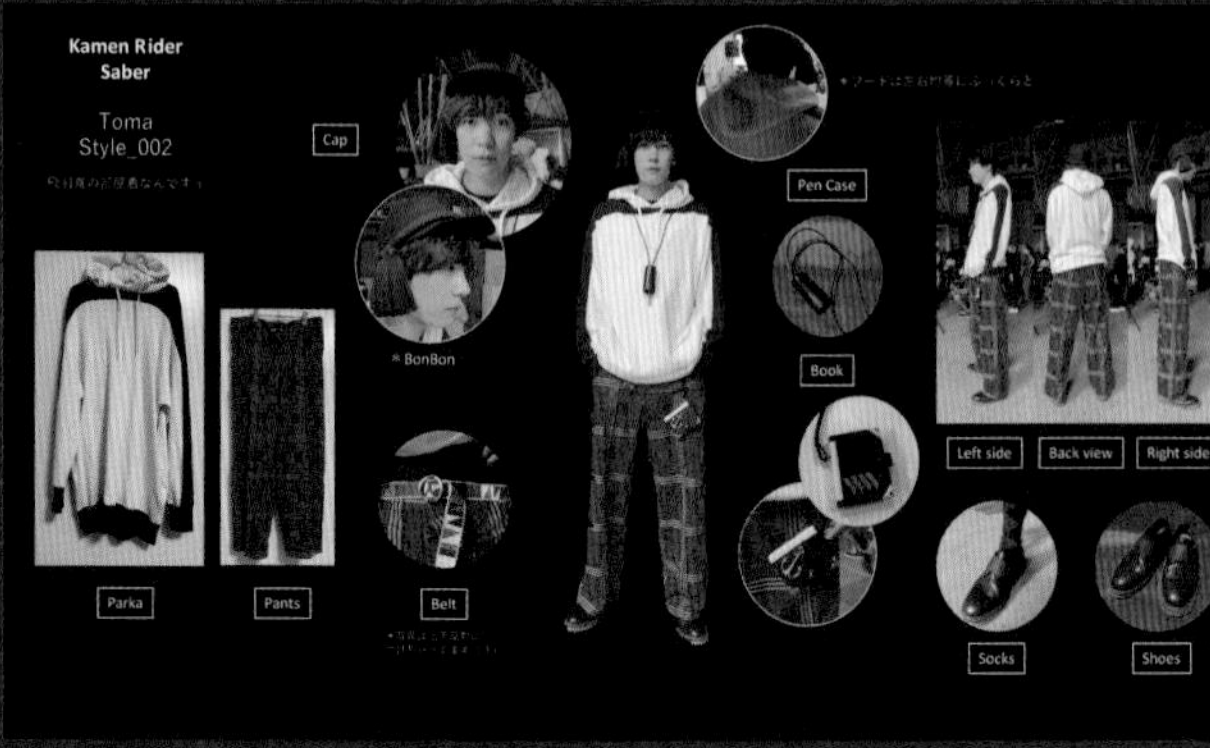

第2章と35章に登場した飛羽真の部屋着。帽子、ペン、手帳を必ず身につけているのは、クリエイター気質から。小説家たるモノ、いつアイデアが浮かぶかわからない。

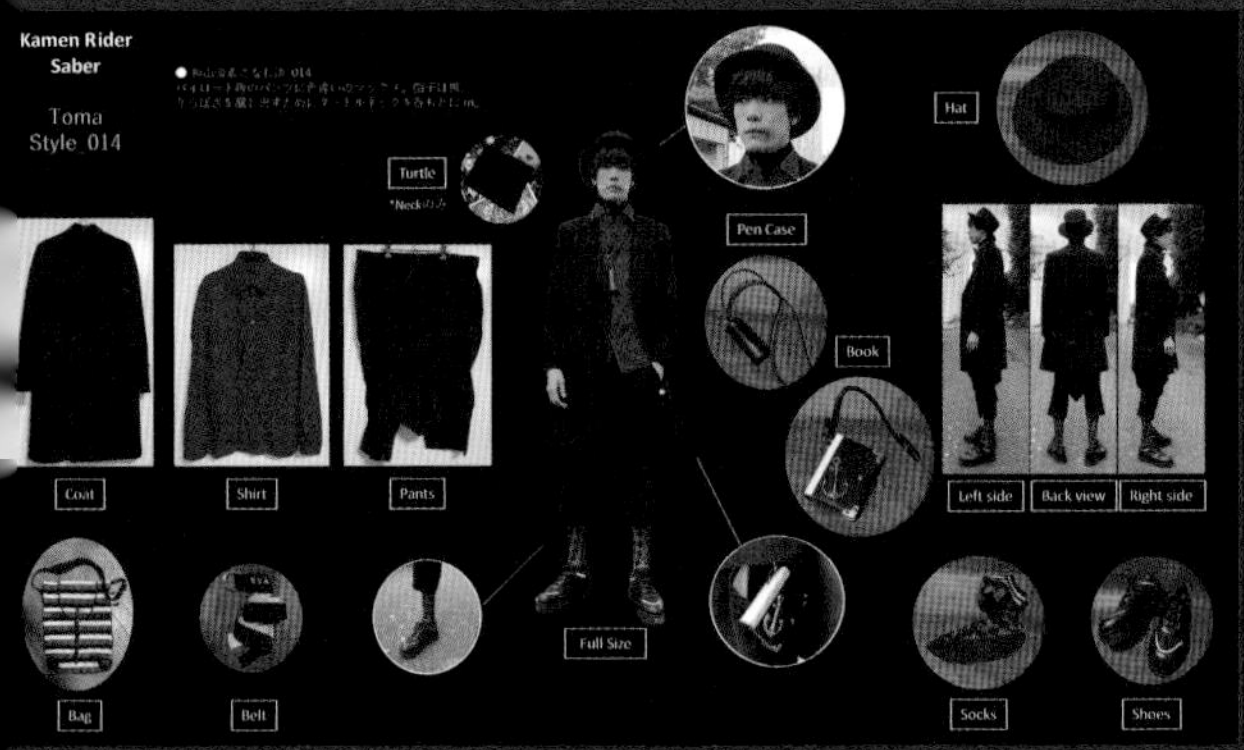

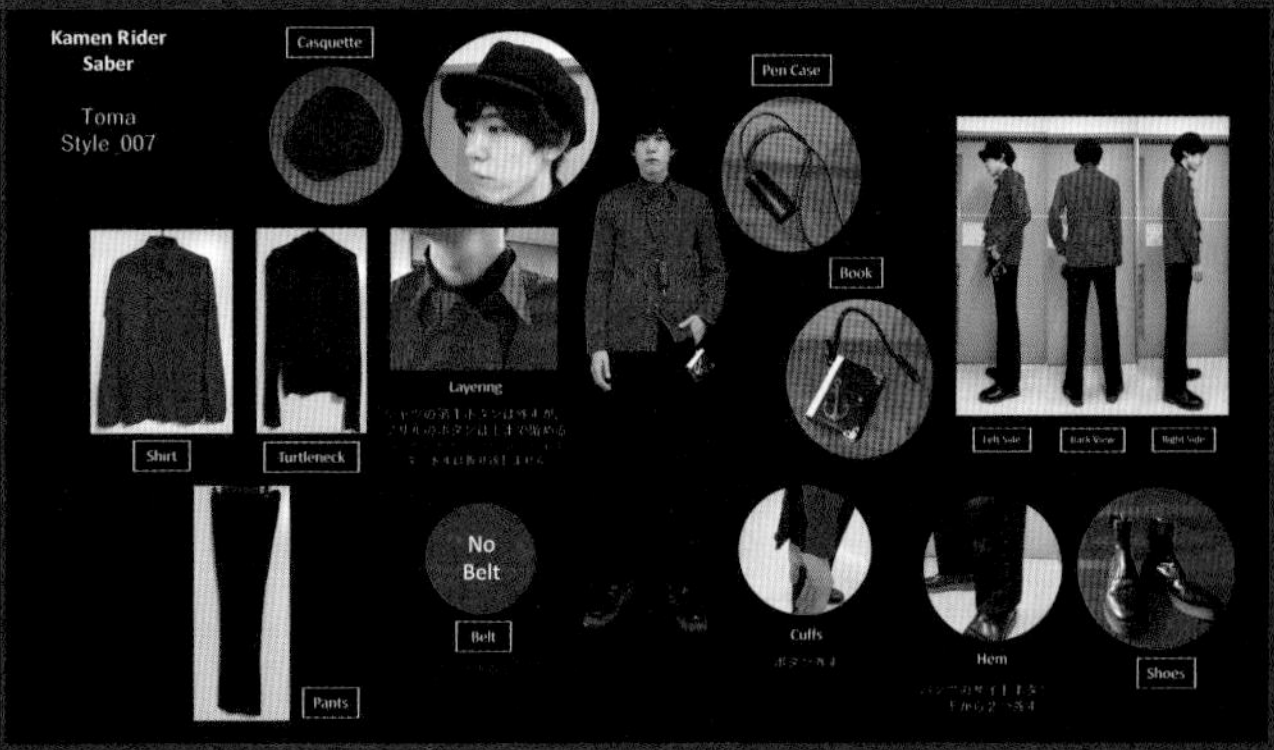

パイロット版の衣装をアレンジしたスタイルは、赤いフリルシャツとソックスがブレイブドラゴンを彷彿とさせるもの。坂本組で初めて仲間割れするシーン（第16章）で愛用のショルダーバッグとともに登場。

第６章で初めて登場した赤いフリルシャツは、物語を通して着回しのキーアイテムとなっていった。帽子のバリエーションとしてキャスケットも登場。俯瞰での登場シーンが印象的。

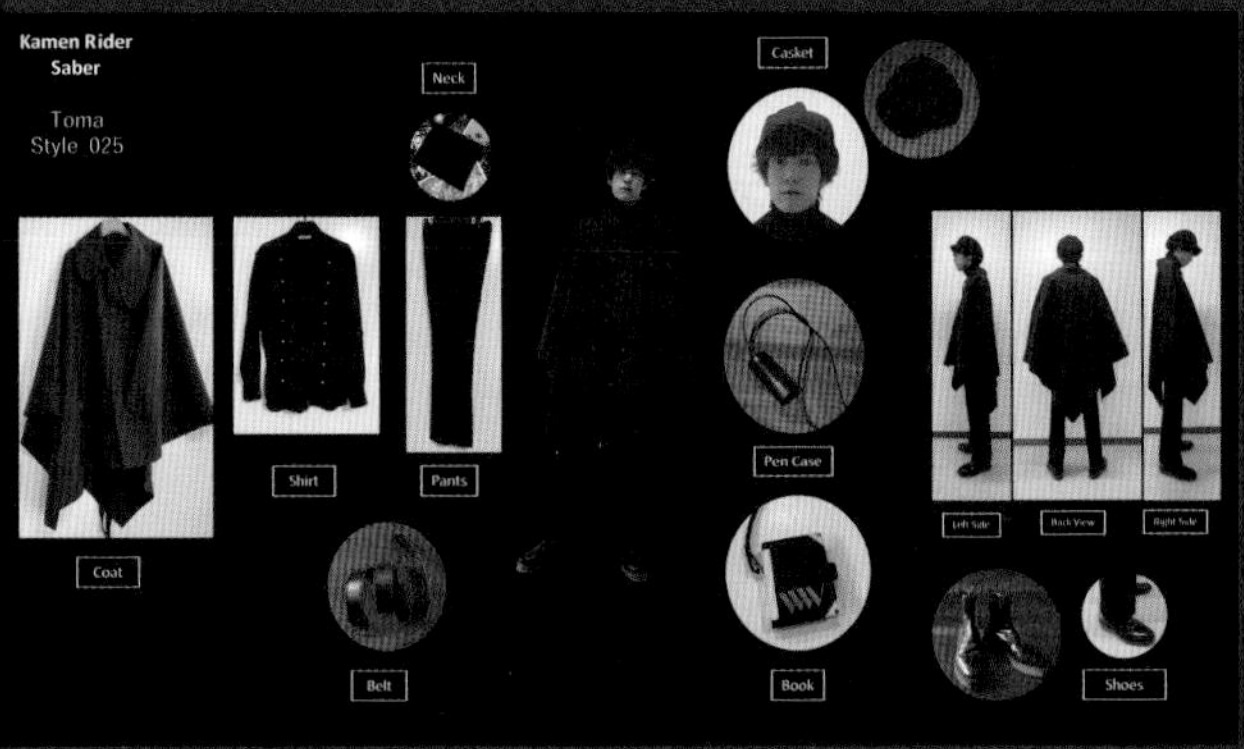

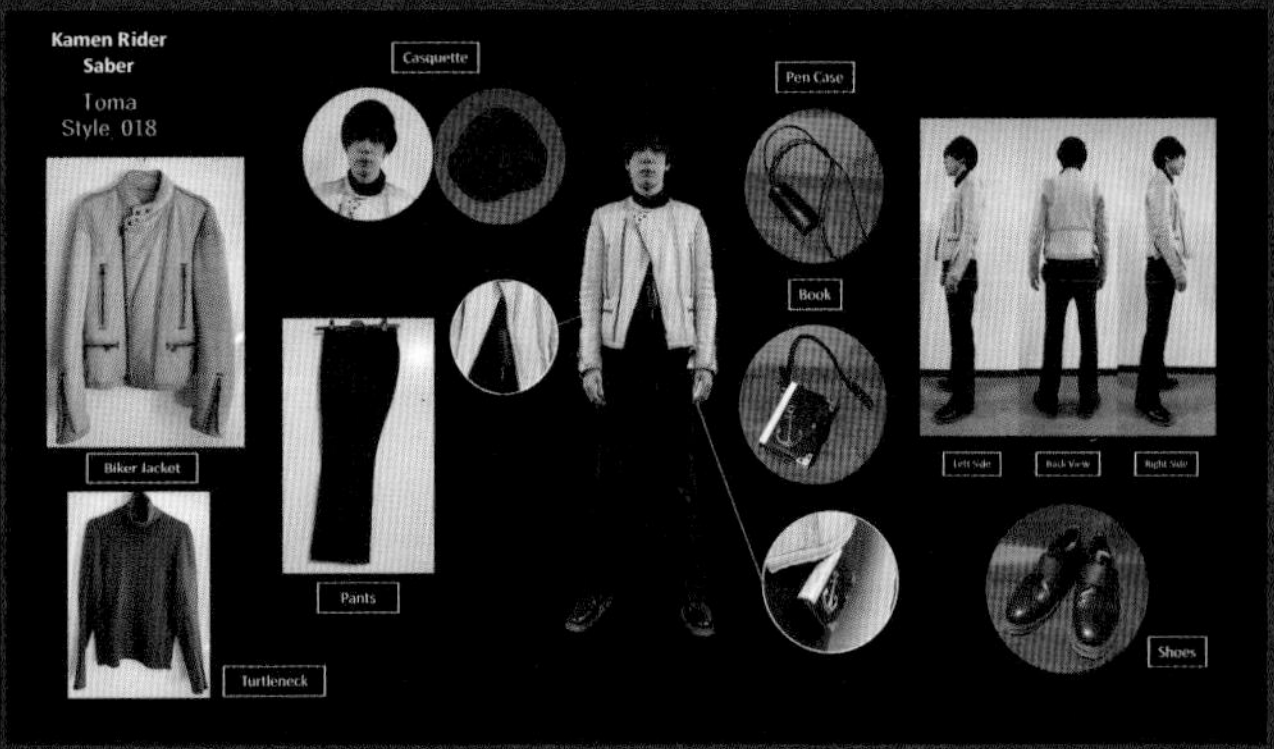

上堀内監督にお願いして撮っていただいたポンチョスタイルは、第25章の冒頭シーンで。さすがにこれで抜刀ポーズは難しく、『ファンタジック本屋かみやま』での着用に。

めったに見せないライダーススタイルは、第20章で包帯を巻いたワンシーンで。となりには同じくボロボロになった芽依ちゃんが。石田監督のアレンジで微笑ましい雰囲気に。

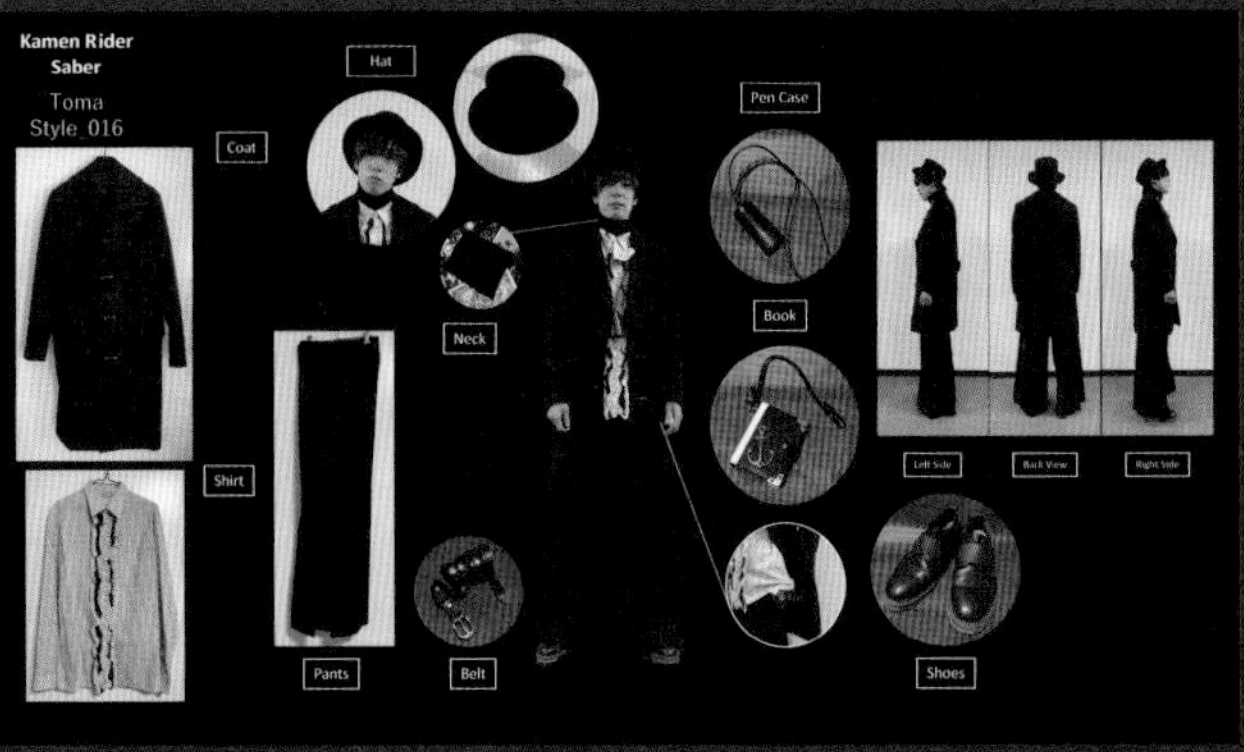

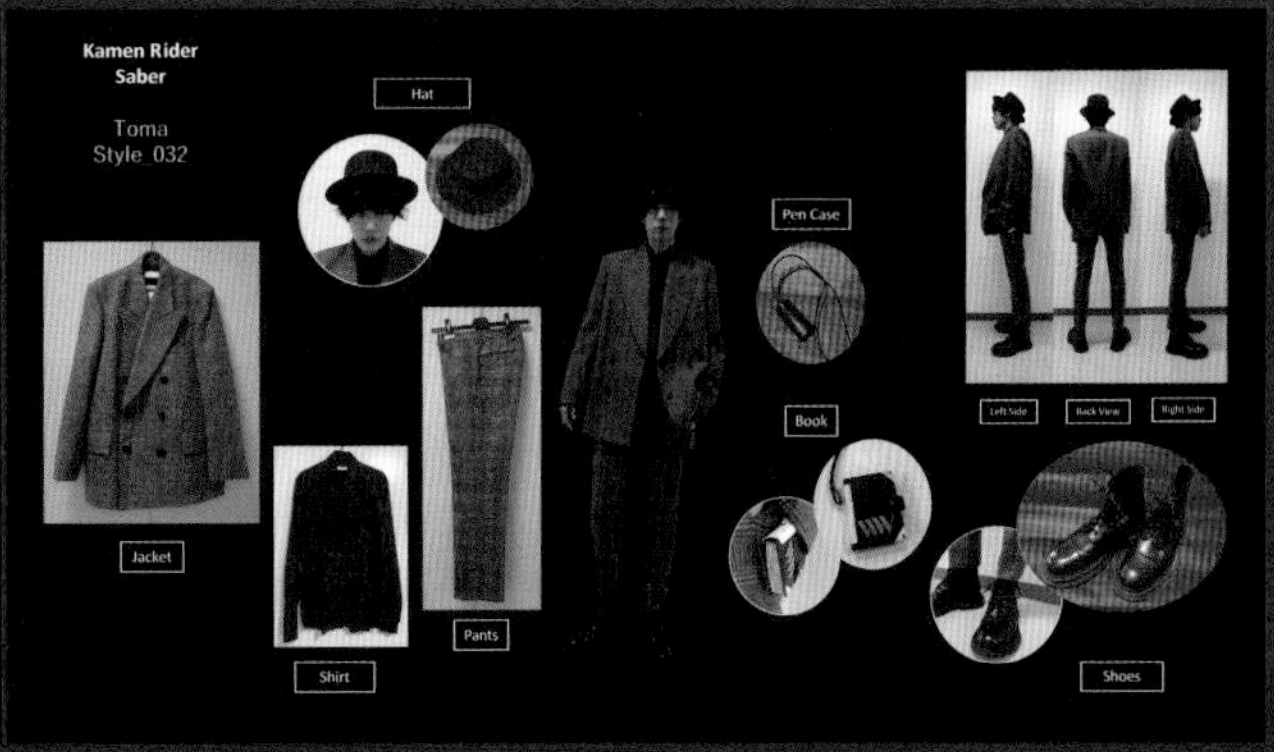

石田組（第20章）でストリウスの強烈な一撃を受け、ドラゴニックナイトの変身が解け、肩を脱臼する。コンクリートの破片を受けドロドロになったが、それもいい思い出。

第31章で回想した芽依ちゃんに初めて会うシーンでのスタイル。人見知りからか、最初はよそよそしい雰囲気だったが、きちんとセットアップで待っているところが神山流。

『仮面ライダー史上、最高にオシャレな主人公！』を目指して組み立てていった神山飛羽真スタイル。稀代の洒落モノとして駆け抜けた新時代のヒーロー像とは？

写真・文：村瀬昌広

「小説家・神山飛羽真は、祖父、父と受け継いできた店舗を改装し、『ファンタジック本屋かみやま』を営んでいる。銭湯と床屋の面影とともに手にした遺産に加え、著書『ロストメモリー』の印税と、近隣の小学校や児童施設に定期的に本を卸しているおかげで、歴代主人公のなかでも、かなり裕福な生活を送っている…」

柴﨑貴行パイロット監督からいただいたこの設定をもとに、現代の小説家のイメージを膨らませていく。太宰治や芥川龍之介のような和装ではなく、フランツ・カフカやA.ヘミングウェイといったファッション的にも印象深い人物像を意識し、そこにいまの時代にあったアイテムを取り入れながら、全体のスタイリングを組み立てた。

飛羽真のキーアイテムが決まったのは、最初の衣装合わせのとき。首から下げたペンケースとベルトループに引っ掛けた手のひらサイズの手帳は、以降帽子とともに彼のトレードマークとなっていった。

神山飛羽真役の内藤秀一郎さんは、スマートで背が高く、どんな服でも軽やかに着こなしてくれた。同じような背格好のモデルはたくさんいるが、内藤さんは、ファッション的に言うと「服が似合う骨格」をしている。そのため、彼にしか着こなせないアイテムは数多くあったように思う。代表的なものがパイロット版で着用した股上の深いサルエルパンツと、幾度となく活躍したタック入りの極太パンツ。神山飛羽真を「洒落た小説家」としてうまく体現できたのは、すべて内藤さんのおかげだったと言える。ゼンカイジャーとの共演映画『スーパーヒーロー戦記』や、ストリウスとの最終決戦といった、ここぞ！　という場面の極太パンツでの立ち居振る舞いは、まるで袴をまとった武士のように優美だった。

内藤さんと僕の2人きりでの衣装合わせは、撮影終了までの1年以上にわたって続いた。とくに

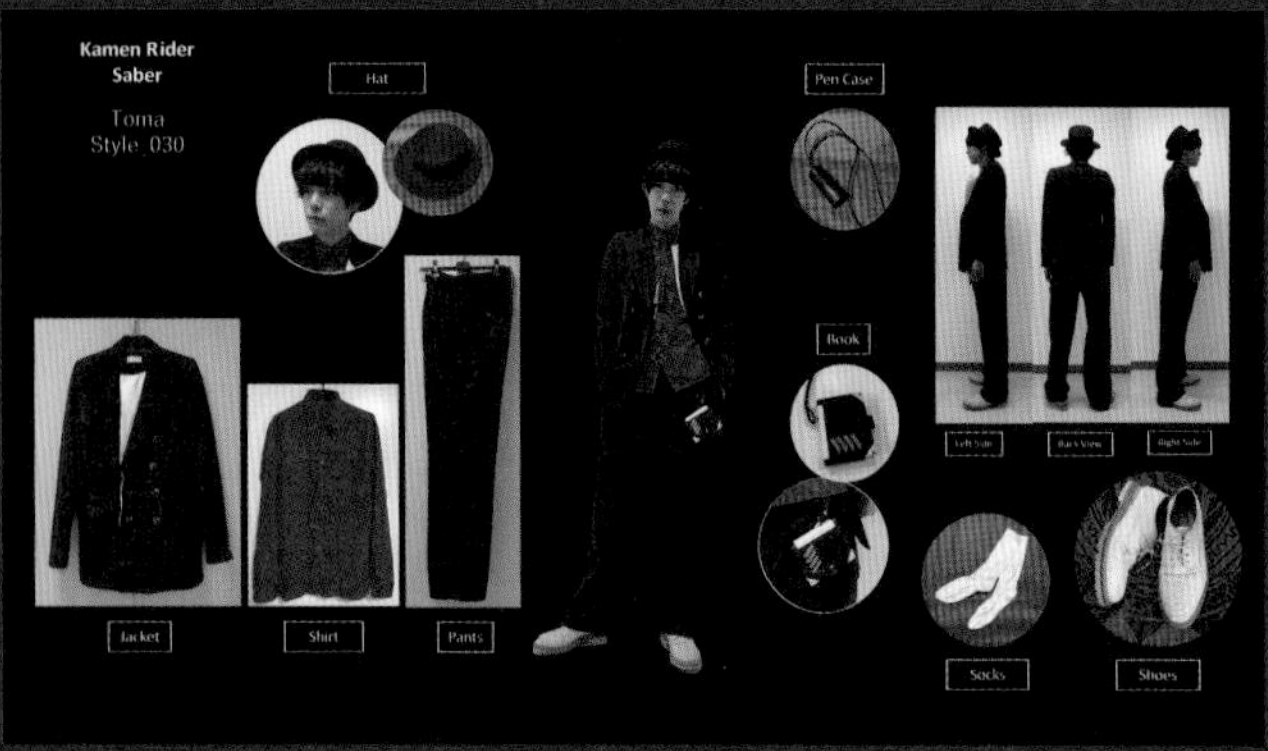

倫太郎の男気に応えるためにセットアップで剣を交えた（第30章）。石田監督の演出により、2人の友情は揺るぎないものへと昇華。ここから倫太郎は「飛羽真」と呼ぶように。

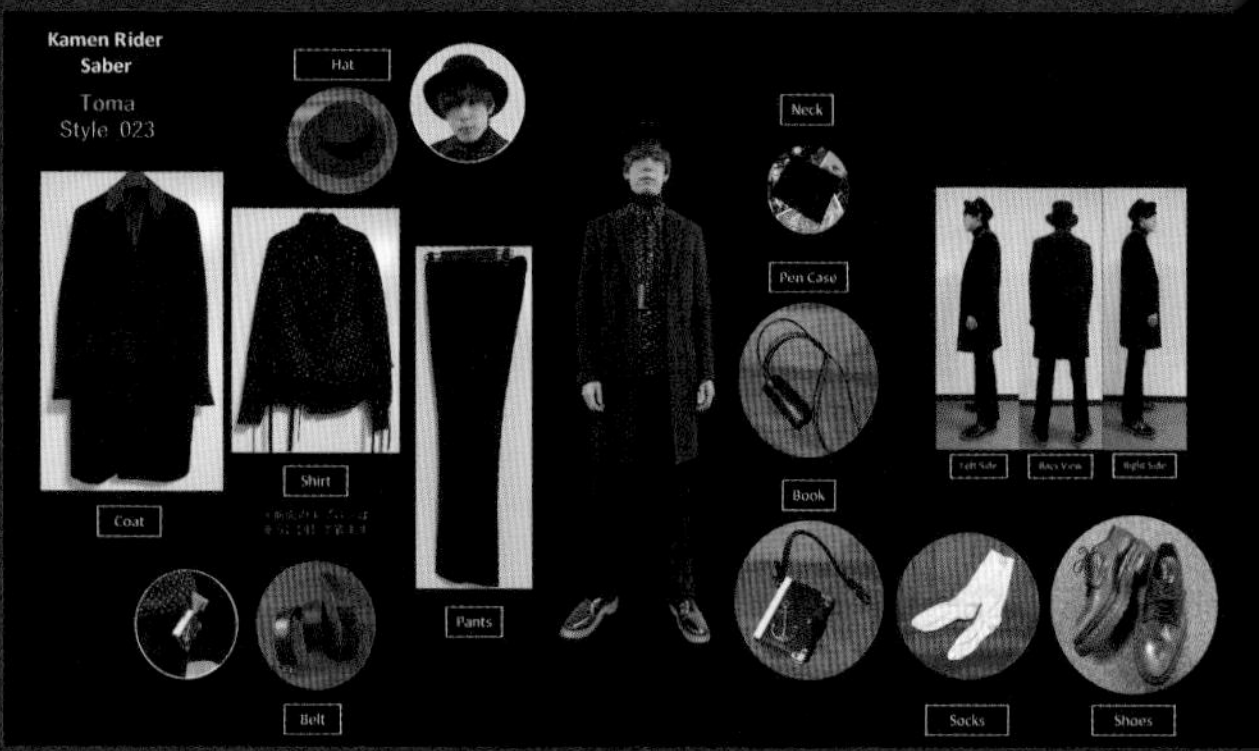

第23章でプリミティブドラゴンへと覚醒する飛羽真。意識を乗っ取られ暴走する表情と、赤いワンポイントが入ったラペルのテディボーイコートが“やんちゃさ”を醸し出した。

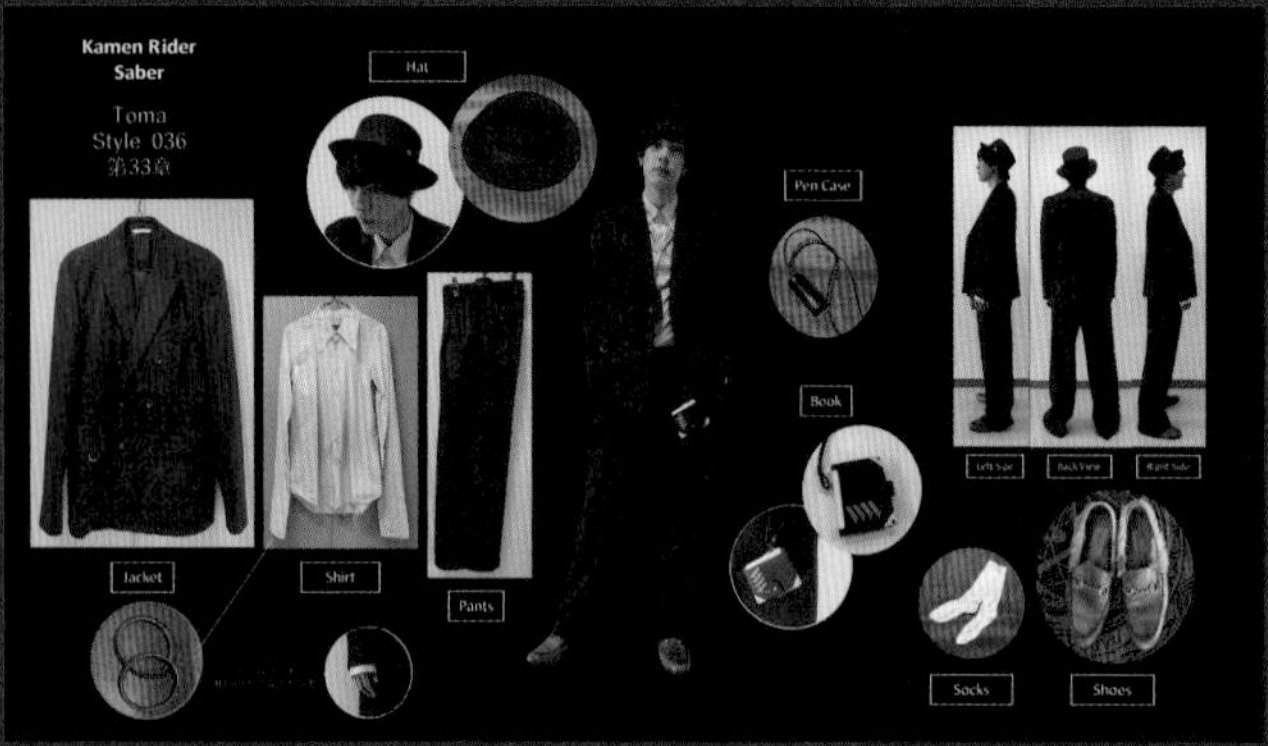

第33章．賢人を「もう一度一緒に戦おう！」と説得するシーンは、もちろん意を決したセットアップスタイルで。神山飛羽真の友に対する熱い心遣いが着こなしにも宿っている。

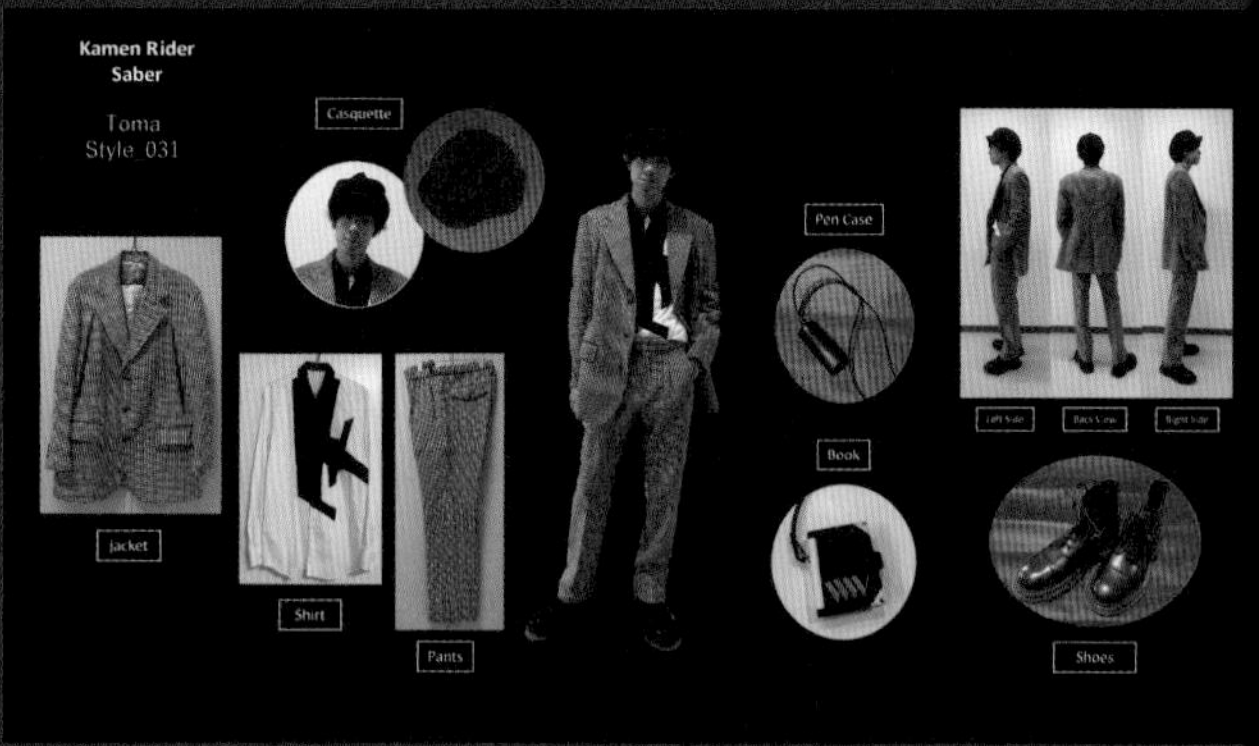

芽依ちゃんを救い出し、新たな戦いへと向かう第31章のラストシーン。千鳥格子のセットアップは重厚感のある仕立て。似顔絵入りのピンバッジを手にして喜ぶ姿が目に浮かぶ。

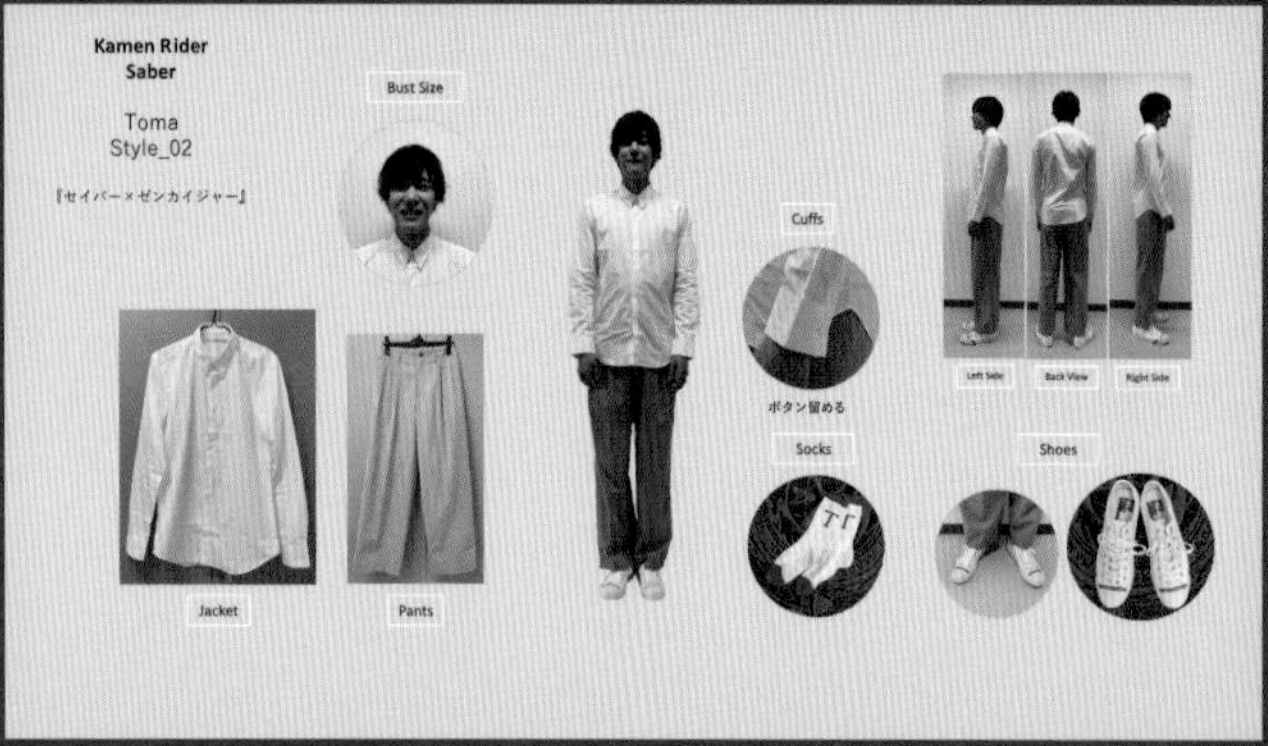

『スーパーヒーロー戦記』で、賢人とルナと暮らす飛羽真。田﨑監督から、ごく普通の青年スタイルを打診され、白シャツとチノパンで構成。ワンカット長回しのシーンが心に残る。

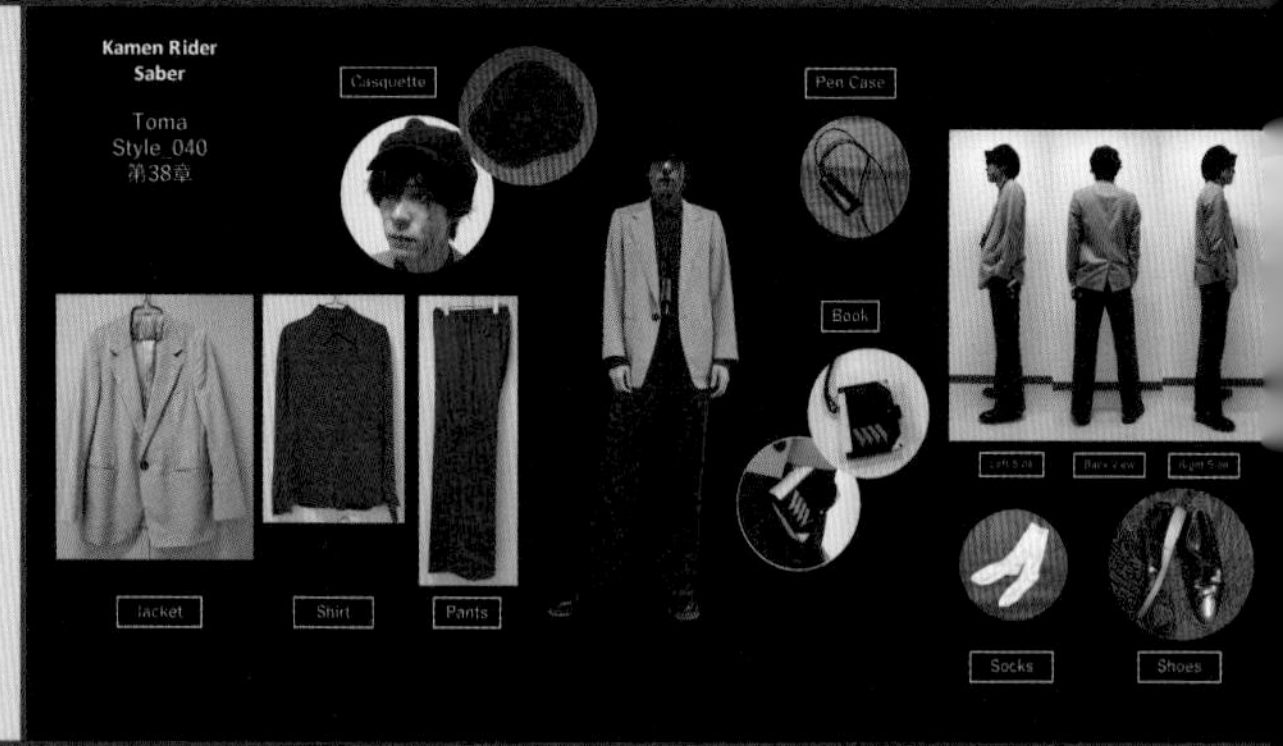

剣士たちの前でクロスセイバーへと進化を遂げる飛羽真（第38章）。セイバーのボディカラーに、全体のトーンを合わせたのは、もちろんのこと！

印象的だったのは、プロデューサーの土井健生さんを交えて、合計20ポーズ以上組んだ日のこと。朝から晩まで続いたスタイリング千本ノックは、仮面ライダーの主人公を担う役者と、それをサポートするスタッフの責任と誇りを賭けたものだった。こうして固めていったスタイルは、歴代主人公のなかでもかなりオリジナリティの高いものになったと思う。

　神山飛羽真には、シャツの第1ボタンをしっかりと留める律儀さと、大切な仲間とのシーンには、必ずセットアップスタイルで挑むという礼節がある。倫太郎と剣を交えながら、ネコメギドと一体化しようとする芽依ちゃんを救う第31章。未来に絶望を抱いた賢人に、約束の場所でサンドイッチを差し入れする第33章。このころにはすでに神山飛羽真と同化していた内藤秀一郎さんの心意気が伝わってくる場面となった。

　「約束を守る男」は、特異なファッションアイコンとなった。子供たちだけでなく日本国民の誰もが憧れる仮面ライダーは、変身前も純粋にカッコよくあるべきだ。初代・本郷猛はそんな存在だったはず。ユニフォーム的な決まり衣装もいいが、キーアイテムのもと、たくさん着回していく洒落たヒーローがいてもいいじゃないか。『仮面ライダーセイバー』という作品では、そんな側面を持ちあわせた新しい主人公像を、ファッションの面からも作り上げられたと思っている。

　ここでは、僕から毎話スタッフの皆さんに配布していたスタイルブックの一部を紹介してみた。どれも思い入れのある衣装なので、細部までご覧いただけるとこの上なく幸い。

　こうして神山飛羽真は、半世紀に及ぶ仮面ライダー史に新たな物語を書き留めた。

村瀬昌広（むらせ・まさひろ）
スタイリスト、ファッションディレクター。『仮面ライダーセイバー』では、神山飛羽真のほか、カリバー、賢人、ストリウス、レジエル、ズオス、バハト、神代玲花などを担当。TTFCで配信中の『仮面ライダーセイバー デジタルフォトブック・プロモーションムービー』の企画・立案、およびスタイリングを手掛ける。

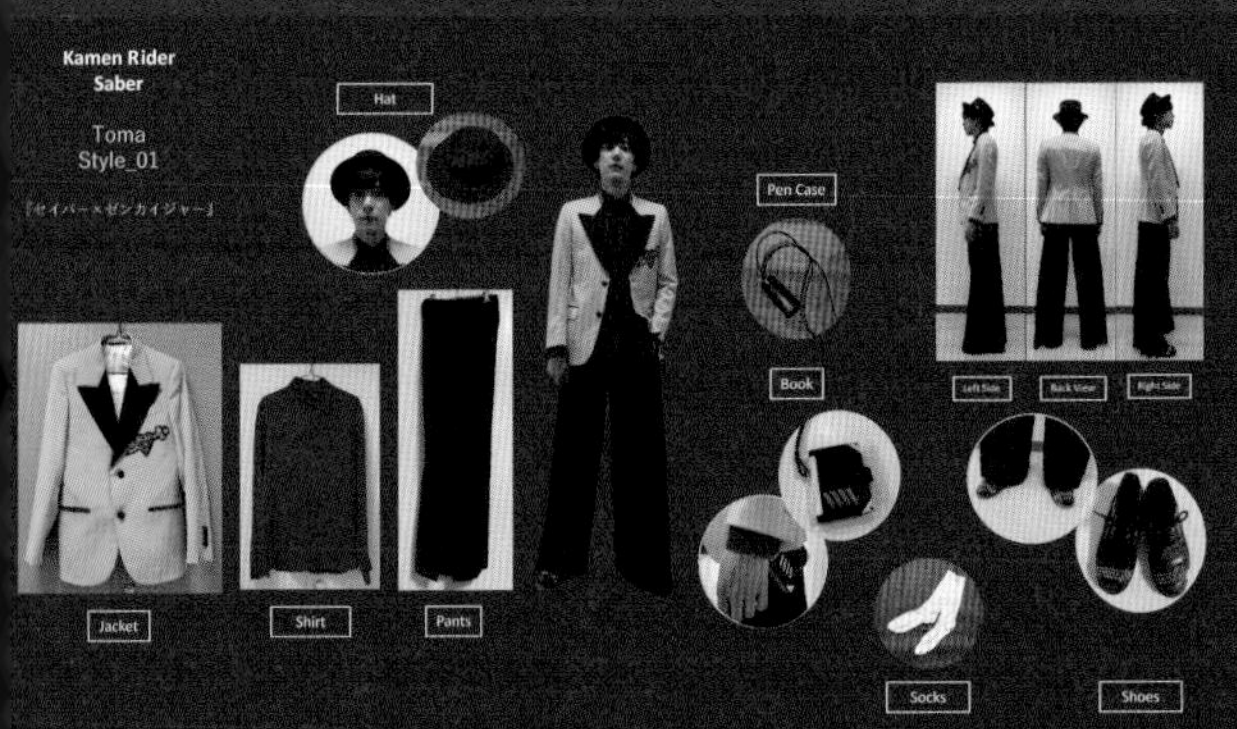

普段はモノトーンが多い神山先生も、『スーパーヒーロー戦記』では派手な色味をチョイス。ちなみにこのジャケットは、『てれびくん』（小学館）特別DVDにセットアップで登場している。

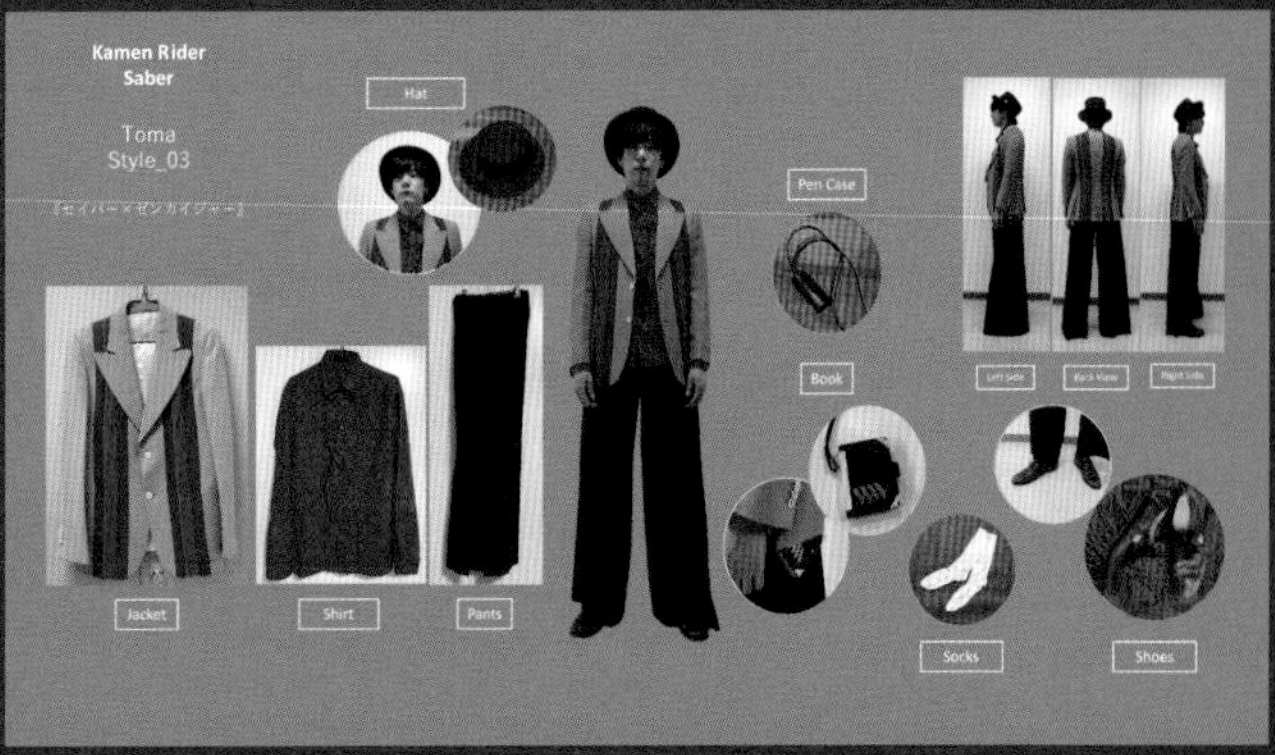

『スーパーヒーロー戦記』より。歴代のライダーとレンジャーの先頭に立って変身するにあたって、ド派手な格好を要望され、ストライプ入りのジャケットをチョイス。

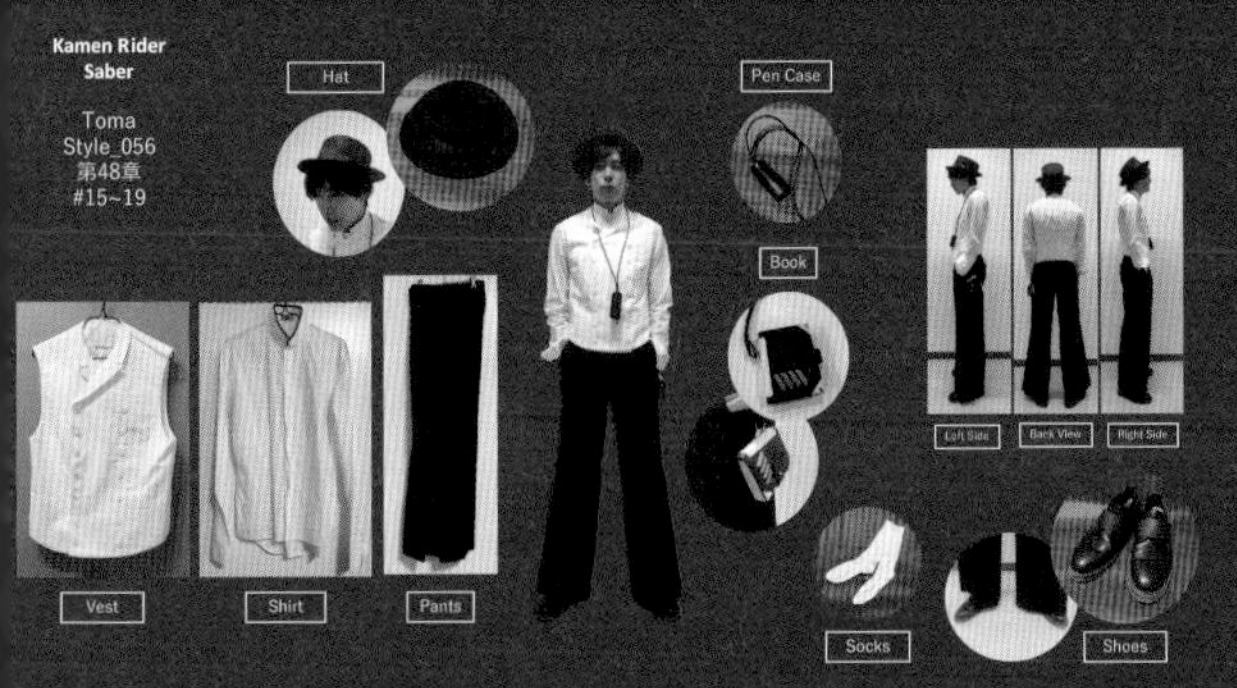

増刊号でのラストシーン。この撮影は「ファンタジック本屋かみやま」のセット最終日ということもあり、礼服で参戦。賢人とのやりとりで（雇い主としての）余裕も見せられたかも。

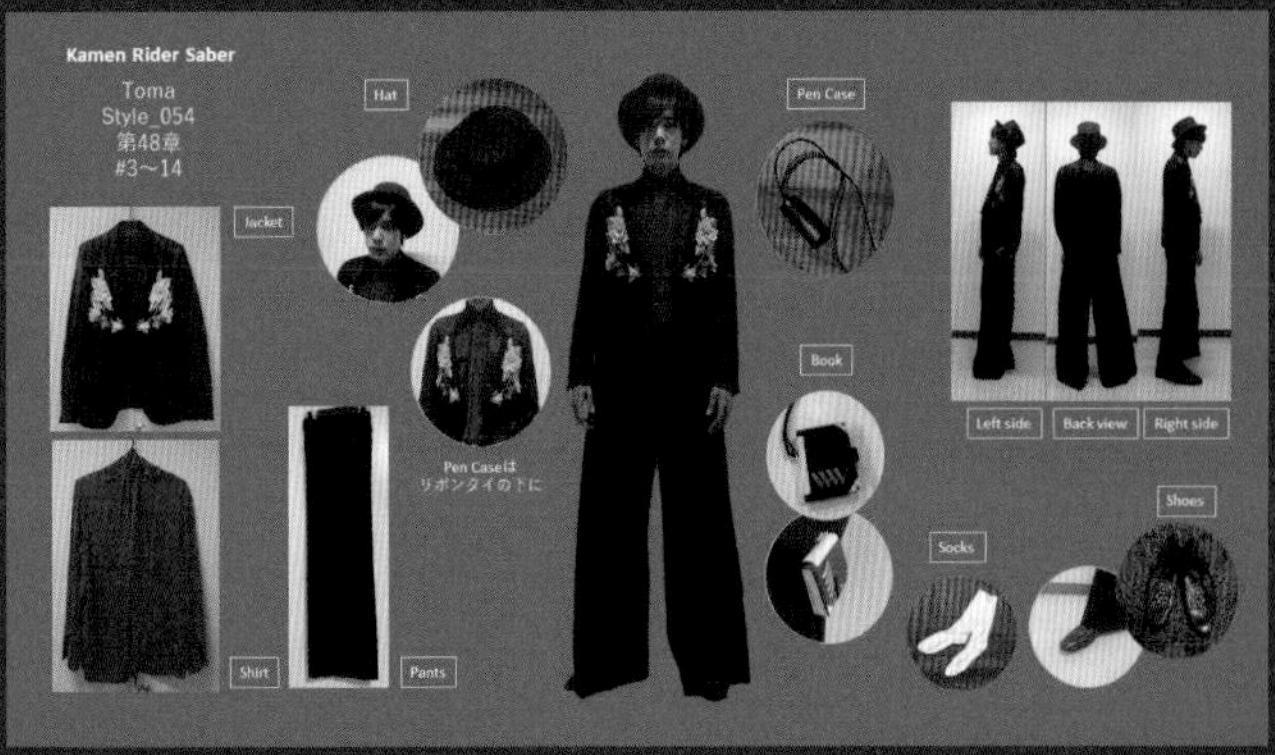

増刊号『仮面ライダーリバイス』とのコラボ回にて着用。Tシャツにジャージというラフな五十嵐一輝とのコントラストを強調するため、ゴージャスなタキシードジャケットを着用。

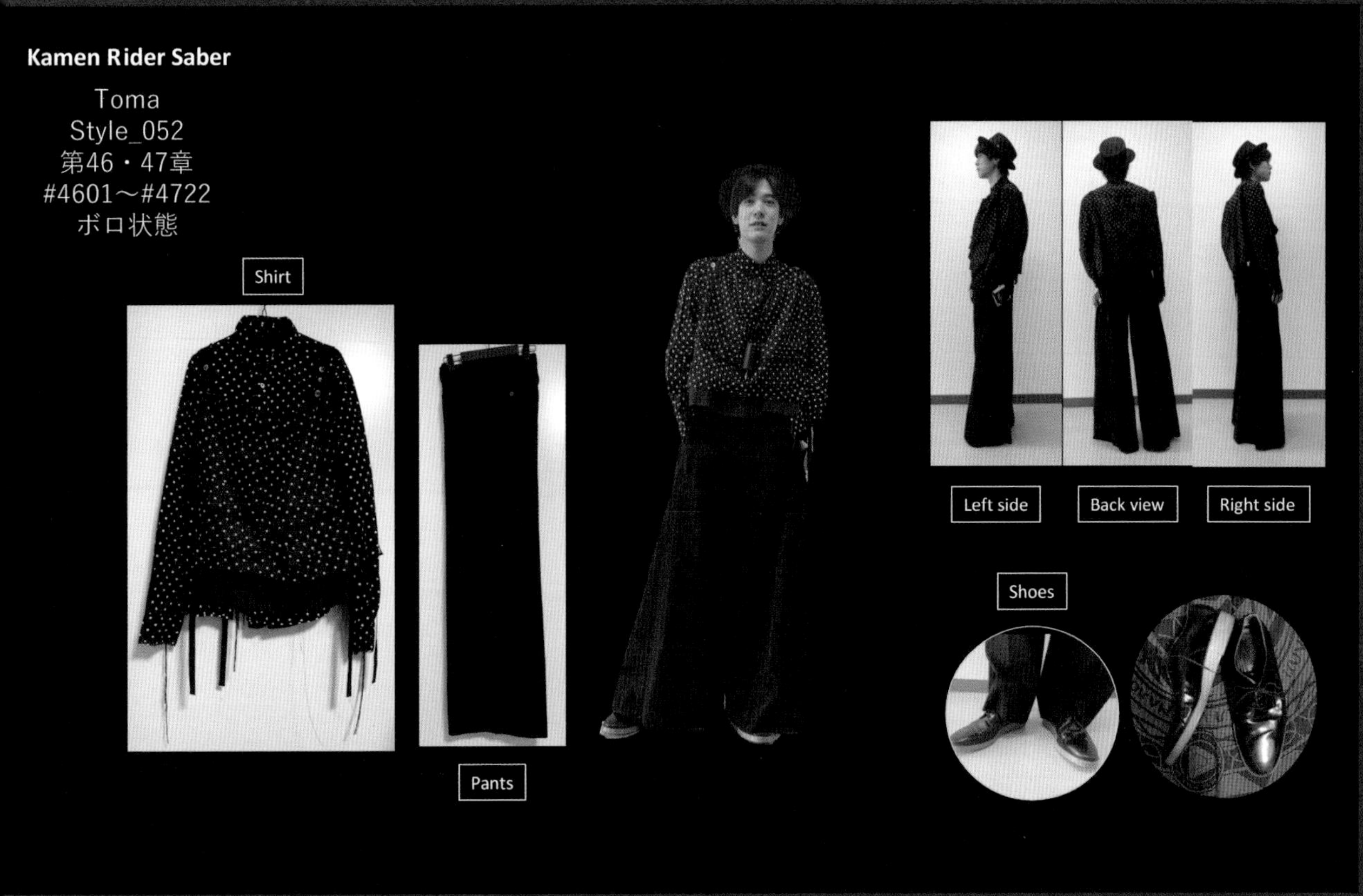

45章。ストリウスとの最終決戦。トレードマークの帽子、ペンケース、手帳がない「小説家であることを捨ててまで戦いに挑む」という杉原監督の演出。

特別章　―「仮面ライダーセイバー」とは。

高橋一浩

［「仮面ライダーセイバー」プロデューサー］

剣士たちの戦いの末に物語の尊さを説き、グランドフィナーレを迎えた『仮面ライダーセイバー』。企画時やクランクイン時の苦労からキャスト陣の成長ぶりまで、チーフプロデューサーの高橋一浩が、戦いの1年を振り返る！

取材・構成◎山田幸彦

本が世界を救う物語

——第1章から増刊号までを駆け抜けられて、現在のご心境はいかがですか？

高橋　コロナの影響でいつクランクインできるかわからない状況でスタートして、いざ現場が動き出してからも緊張の連続でしたねえ（しみじみ）。

——やはり影響は少なからずあったと。

高橋　元々『セイバー』は、飛羽真とルナと賢人の幼馴染み3人の話をやろうと思っていたんです。年明けの放送あたりからやり始めた、ルナのために動く展開を最初から描くことで、友達を取り戻すための戦いが、世界を救うことに繋がる部分が、今よりもっと色濃く出る予定でした。ただコロナの影響で、撮影を止めないような設定変更やコロナで沈んだ雰囲気を鑑みて、人を集めての撮影が難しいこともあり、ルナのことは先に送って殺伐としたライダー同士の戦いはカリバーだけに絞り、剣士同士の戦いは年明け以降の展開にしました。とはいえ生死を賭けた戦いというよりは、それぞれの背負っている物を改めて知るためのもので、お互いの理解を深めたら仲間になったり、別の道に行くことも認められるような関係を作る為の戦いとして位置づけていました。そんな中で、ああいう最終章が迎えられてよかったと思いますけどね。長谷川（圭一）さんに書いていただいたんですけど、「上手くまとめましたね！」と毛利（亘宏）さんに褒められました（笑）。

——プロデューサーを担当された『仮面ライダーゴースト』の頃も英雄のことを記した本である世界偉人録の設定がありましたが、元々本へのこだわりがおありだったのでしょうか？

高橋　『ゴースト』のときは単純に、宮本武蔵の名前自体はみんな知っているだろうけれど、何をやったかまでは知らない人が、子供はもちろんお父さんお母さんの中にも多いんじゃない？　という発想からでしたね。最近ですと漫画『バガボンド』（井上雄彦／講談社）などを読んでいればわかるかもしれませんが、あれも青年誌の漫画だから、子どもたちが触れるのは難しいんじゃないかと。その説明をするためのアイテムとして、『ゴースト』のときは英雄の本を登場させました。ただ、『ゴースト』は本に重きを置いていたわけではなかったので、『セイバー』を考える上でそこまで意識していたわけではないんです。

——『セイバー』では完全に本がモチーフとなりましたが。

高橋　元々、剣士モチーフで、剣に何かを挿して変身することだけ最初に決まっていたんです。そこで本モチーフを選択したのは、僕自身本が好きなのと、しんどかった時期に他人から勧められた本で救われた経験があったことは無関係ではないでしょうね。

——他のインタビューで、高橋プロデューサーは剣豪小説がお好きと拝見しました。

高橋　精神的にしんどかった時期に、佐伯泰英先生の『居眠り磐音』（文藝春秋）という時代小説を、友人に勧められて一気に読んだりしていたんですよね。元々我々の世代は時代劇ドラマや剣豪小説、漫画などで、宮本武蔵などの有名剣豪がよく目に映ったから馴染みがあるし、今も好きです。一方で本という存在は、最近の子供にとって馴染みがない存在なんじゃないかとは思いました。本の名前はそのまま紹介はできなかったので、ピーターパンはピーターファンタジスタになり、なぜかムキムキの妖精さんが出てきて戦ったりもしますが（笑）、『セイバー』を観た子どもたちの中で本が心のどこかに引っかかってくれて、読むきっかけになれば良いなと。今はコロナの影響で友達と遊ぶ機会も減っているかと思いますが、本だったら自分で遊べるじゃないですか。それぞれのワンダーライドブックの元になった本を読んでもらったりして、少しでも面白さを知ってもらえれば嬉しいです。

——本や物語についてのエピソードを募集されていましたが、実際寄せられたエピソードをご覧になっていかがでしたか？

高橋　小さい子から大人の視聴者のみなさんまで、知っているタイトルから知らないタイトルまで沢山挙げてくださって、本当にいろんな本がこの世にはあるし、それぞれ心に残った一冊があるんだなと。本自体はなくても生きていくには困らないかもしれない。だけれど、一冊素敵な本に出会ったらその本をきっかけに他にも面白いと思える本に出会うかもしれないし、最終的にそれは人や、ひいては世界を救う存在になり得るじゃないかと改めて思いました。そういった考えもあって、クライマックスは飛羽真も活躍しつつ、最後はみんなの本に対する想いが世界を救う展開にして、そのきっかけを剣を持って戦わない普通の人である芽依ちゃんにしたいと思っていたんです。「ペンも剣と同じくらいつよいんだよ」って（笑）。

制約下で生み出された、『セイバー』ならではの映像作り

——本というものの価値を描きつつ、多人数ライダーで物語を展開したことが決して無駄にならない最終章になっていたかと思います。

高橋　あれだけ人数が多いと、全員の出番

を同じ分量で描くことは難しいのですが、それぞれ印象に残るやりとりがあって、どのキャラも人数合わせのライダーとして終わらず、好きと言ってくれるファンが今回もできたのは嬉しかったです。その上であぁいう最終章をできたことは、手応えを感じました。普通だったら、飛羽真が一人でストリウスと戦うと思うんですよ。そうじゃなく、最初の3人で立ち向かっていき、ワンダーオールマイティワンダーライドブックを全員で朗読すると。あれは石田(秀範)監督が最後だからスペシャル感が欲しいということで出してくれたアイデアで、バンダイさんも乗ってくれました。最終組は石田監督の演出に委ねる部分が結構ありましたね。最後に変身して戦うところも、台本とは違うけどそれぞれの決め台詞を言わせようかとか。

──監督のお話で言うと、今回、ビジュアル面でパイロットを担当された柴﨑(貴行)監督のアイデアから生まれたものは多かったのでしょうか？

高橋　柴﨑監督の意向は強いかなと。というのも、僕はあくまでプロデューサーなので、ビジュアルに関しては細かく指定せず、お任せしようと思っていました。柴﨑監督はときに柔軟に、ときに頑固に取り組んでくれましたね。最初は前年の『ゼロワン』からガラッと変えてファンタジー、それも『ロード・オブ・ザ・リング』みたいな雰囲気がいいと思っていたんですが、コロナによって変化した世相の中ではちょっと暗いかな？と思い、監督の方から明るい世界観を提示してもらいました。そんな中で生まれたもののひとつが、背景をCGで作り、人がその中でお芝居をするリアルタイム合成の場面です。背景がCGでバリバリ動くんじゃなくて、書き割りや紙芝居みたいにファンタジックな家とかがあって、一部が動いている。ああいった飛び出す絵本みたいな世界や、「ファンタジック本屋かみやま」の店内に置いてあるジオラマも含めてビジュアル面は監督にお任せして作っていただきました。コロナの影響でロケができない場合、ずっと撮影所の近辺でも画的にしんどいから、本の中の書き割りみたいな背景の中でも成立するんじゃないか？という事情もありましたが。

──いかに世界観を崩さず、制約の中で撮影をするかという工夫も多かったのですね。

高橋　最初の頃の『セイバー』の台本には、ロケに行けない撮影事情が顕著に表れていて、大体セットで話していて、外に出るのは戦いの場面のみとか、なんとか撮影ができるように考えた結果な部分も大きかったんです。

──剣士達のアクションの方向性に関しては、プロデューサー視点でのこだわりはありましたか？

高橋　CGの方が派手に見えるのですが、元々アクションも含めて派手な方向を目指していなかったんです。剣士推しなので、剣がちゃんと触れ合う戦いにしたいことと、最終的に10人になるので、それぞれ剣の型が違うようにしてほしいと考え、渡辺(淳)くんに要望を出していました。例えば飛羽真は自己流だから喧嘩殺法みたいな感じで、倫太郎は水の剣士だから流れるように剣をくるくる回すとか。あと、個性のある剣技で刃を交えて戦ってほしかったから、斬撃を飛ばして倒すのはやめてね！と(笑)。

──あくまで剣戟にこだわられたと(笑)。

高橋　最初、作曲家の山下(康介)さんにも、それぞれの剣士にテーマ曲があって、戦うときはセッションみたいに一つの楽曲になるというのをやってくれませんかと無茶振りして、「無理です！」と言われるみたいなこともあって(笑)。アクション場面に関してはそれくらい無茶を言っていたので、実は僕は、剣戟が面白い回が好きなんです。例えば蓮とデザストが決着をつけるところ。あそこはCGが凄いから良いわけじゃないんですよね。アクションもワイヤーアクションなどの派手なことはしてないんですが、気持ちが剣に乗っかってぶつかる瞬間が好きなんですよ。

キャスト達の成長を振り返る

──1年の中で、内藤さんはじめ、キャストのみなさんの印象に変化は感じられましたか？

高橋　この本に載っている人たちで言えば、生島(勇輝)さん以外は舞台やモデルのお仕事中心の人たちで、映像の芝居を本格的にやっている子が少なかったんです。例年そうですが、最初と終わりではそれぞれ大分変化がありましたね。特に前半の芝居でいうと、彼らが思っているヒーロー像でお芝居をして、カッコいい台詞はキメ顔で全部熱く言う芝居が多かったんですよ。倫太郎の山口(貴也)くんは最初からとぼけた感じなので起伏はそれほどなかったじゃないですか。飛羽真もそういったイメージで、内藤(秀一郎)くんを選んだのも、彼の文系的な雰囲気が、落ち着いた優しい芝居に繋がれば良いと思っていたからなんです。けれど、当時はどうしても熱くカッコよく言おうとしていたんですよね。優しく言って欲しいところでも、声を張って全力で言ってしまう。相手やシチュエーションが違っても決め台詞が同じテンションだと、ワンパターンになってしまうので、どうしたものかなと(笑)。ただ、それも中盤から徐々に変わってきて、最後のストリウスとのやりとりで「本が好きなんだ」と屈託のない笑顔で言うところはこちらのイメージと、本人のイメージがシンクロして最後の最後をいい芝居で小説家というキャラクターを表現してくれました。もちろん、芝居の成長に関しては内藤くんに限ったことじゃないですけれども。蓮の富樫(慧士)くんなんかも、最初はリラックスした笑顔ができなかったんですよ。

──確かに、全力の笑顔が印象的でしたね。

高橋　カメラが回ると目がパッチリ開いてギンギンになって、まばたきしないから(笑)。そんな彼も、43話でデザストと決着が付くシーンはしっかり演じていました。

> 『セイバー』を観た子どもたちの中で本が心のどこかに引っかかってくれて、読むきっかけになれば良いなと。

あの回は僕も現場にも見に行ったのですが、落ち着いた雰囲気の芝居が良かったです。どちらかというとデザストを演じていた榮（男樹）くんというスーツアクターが上堀内（佳寿也）監督の要求に苦労してましたね（笑）。富樫くんは自然体で怯えとかも監督の要求に応えられるようになっていて、アフレコも43話は大体が一発オーケーだった。「（デザストの声優の）内山（昂輝）さんに引っ張られました」と彼は言っていたんですが、相手のお芝居を見てどう芝居するか理解できていないと、引っ張られる感覚がないと思うんです。最初は自分の演技をとにかく一生懸命にやることしかできなかったけれど、後半は本当に成長して、お芝居が楽しくなってきたんだなって。

――青木（瞭）さん演じる賢人は、変化の大きいキャラクターでしたよね。

高橋　そうですね。最初はお父さんのためで、飛羽真が生きていると知ってからは飛羽真のため。で、再登場するときはカリバーになることだけ決まっていて、ルナを取り戻すためだけに戦うアイデアもあったんです。ただ、それだと飛羽真と目的も一緒になっちゃうし、中途半端にいい人の部分があると人が変わった感じがしない。ということで、いわゆるライダーっぽい全てを抱えて1人で戦うことを極端にしたんです。あそこまでハードな役になる想定ではなかったんですが、再登場する上でのインパクトを出したいのもあり、ああいったキャラになりました。それまでの賢人ファンの方がどう思ったかわかりませんが、結果的には良いところに落ち着いたのではないかと思っています。

――青木さんは座談会のときも内藤さんや山口さんに関していろいろフォローしてくださってました。実際のキャスト間の関係性などを反映されることなどはあったのですか？

高橋　素の本人たちのキャラクター性は特に意識していなかったです。というのは、コロナで現場が密になってはいけないから、僕があまり現場に行けていないんです。これまではアフレコとかも立ち会ったりしていたんですけれど、今回は編集と仕上げのみ立ち会っていたので。例年のようにご飯も食べに行けないし、キャストと接する機会が本当になかったので、後半までどういう関係性かわからなかったんですよね。

一癖も二癖もある剣士達

――尾上、大秦寺、ユーリといった、いわゆる年長組のキャラを演じたみなさんに関してはいかがですか？

高橋　年上感を醸し出している大秦寺を演じる岡（宏明）くんは最年少に近いんですよね。役柄上は尾上と同年代くらいのイメージだったのですが、年齢不詳な岡くんがばっちり合っていたなと（笑）。大秦寺も変人ですが、岡くんも変わった子で面白いですよね。超ライダーマニアだったりもして。役者としての佇まいがほかの人とちょっと違うから、テレビ、映画にかかわらずいろんな現場でエキセントリックな魅力を出せる役をやるといいかもしれないな、と思いました。

――生島さんと並んでも、全く違和感がないですよね。

高橋　そんな生島さんに関してはベテランですけれど、ご結婚されてないので、最初の頃は「こんな僕がお父さんをできるかな……」と言っていたんですよ。でも、いざ撮影が始まったらそらを演じる番家（天嵩）くんと本当に親子みたいな関係になっていて、撮影していないときもベッタリですからね。

――心配は杞憂だったわけですね（笑）。ユーリ役の市川（知宏）さんに関しては？

高橋　市川くんは前々から舞台に出ているのを見ていて、本当は彼みたいな邪気がない子が凶悪な役をやると面白いと思ったのですが、ユーリがちょっととぼけたキャラ設定になったので、市川くんの素の感じ……真面目だけどちょっと天然な感じで演じていただいたほうが合ってるなと。いい出会いだったんじゃないかと思いました。他のキャストは大なり小なり役に寄せている部分がありますからね。特に役と性格が正反対な富樫くんとアンジェラ（芽衣）さんはそうだと思います。

――アンジェラさんは、変身後のアフレコに最初は大分苦戦されたとか。

高橋　そうですね。そもそも最初の頃は1カット女優と呼ばれたりしていました（笑）。というのも、もう一つの組織であるサウザンベースが存在して、剣士同士の戦いになる展開の伏線として出てもらっていたから、陰から意味深に見つめているだけだったからなのですが（笑）。最初の頃はセリフを読むというよりも、役のことを考えるのが精一杯で、「私はクールでニヒルに笑う……」と口で言って自分に言い聞かせて頑張っていたんですよ。25・26話の上堀内監督回で初めてサーベラに変身してお芝居の分量も増えて、以降はとても苦労されていたみたいですね。それが最終的にはお芝居が楽しくなってきて、今は「なんでもいいからやりたいです！」というところまで来ていて素晴らしいですね。

――『ゼンカイジャー』20話での展開は、マジーヌ大好きなアンジェラさんありきの展開だったんですか？

高橋　二つの現場で並行して撮影をするので、飛羽真たちがセイバー編に加えて、『ゼンカイジャー』側のコラボ回に沢山出ちゃうと、最終回の撮影が止まってしまうと。だったら、アンジェラがマジーヌたん好きだし、お兄ちゃんと一緒に『ゼンカイ

最終章で飛羽真が「本が好きなんだ」と屈託のない笑顔で言うところは、いい芝居で小説家というキャラクターを表現できていると思いました。

ジャー』に行くか！　みたいな(笑)。あとは、『ゼンカイジャー』は明るいから、固めでハードな神代兄妹が行った方が面白いだろうなということですね。そこにプラスしてご褒美として最後マジーヌたんに抱きついてみるか？　と。

——倫太郎が特別章でゾックスの変身に「なぜ踊るんですか?」と言うシーンなど、『セイバー』の真面目な人たちと『ゼンカイジャー』の組み合わせはギャップが面白いですよね。

高橋　やっぱり『ゼンカイジャー』は強烈じゃないですか。介人がいて、キカイノイドたちも達者なスーツアクターさんたちがアドリブを入れまくるから、あの中に入ると引っ張られちゃう。だから、そこにマイペースな倫太郎とか真面目な神代兄妹を入れると、いつもと違う一面が見られて面白いですよね。

——兄である凌牙に関しては、キャスティングに際してどういったイメージを持たれていたんですか?

高橋　アンジェラがハーフなこともあって、凌牙もマスターに忠誠を誓うボディガード兼守護神みたいな、傭兵のような迫力とガタイがある人とかをいいんじゃないかと。ただそういう人がなかなか見つからなかったんです。そんな中、庄野崎 謙さんを舞台で見て、キャリアもあるし固い役を合わせても合うなと思ったんです。初出のときは倫太郎をいじめる敵みたいな感じですが、その後は妹にデレていく……(笑)。

——テレビでは、デレるの大分後ろの方ですよね。

高橋　そうなんですよね。我々としてはブルーレイの映像特典などで描いているから、最初から妹大好きキャラの設定で進めてはいるんです。テレビだけだと見えづらかったその一面が、『ゼンカイジャー』コラボでわかりやすく妹を認めて信じる話になって。結果、『ゼンカイジャー』のおかげだね！　ってみんなに言われるのはちょっと誤算だったんですが(笑)。

——ストリウスの古屋(呂敏)さんに関しては？

高橋　古屋くんはお芝居を作る方にも興味があって、どういう風に作品を作ってるかも見ていたり、こういうヒーロー作品のお約束が理解できなくて苦しんでたりとか、とにかく真面目に取り組む姿が記憶に残っています。この先どうなるんですか？　とよく話していました。15話でストリウスが知識の源についてライダーたちに説明するシーンがあったときに、現場で「こんなこと敵に説明しますか!?」と言っていたというエピソードが印象的です(笑)。「この先(ストリウスは)どうなるんですか？」とよく聞かれましたね。

——ラスボスとして立ちはだかる展開は当初から考えられていたのですか？

高橋　最初は10人の剣士ででかい魔王を倒すみたいな展開もありかと思ったのですが、流石に10人で1人を倒すのは画や演出的にもしんどいなと(笑)。なので、レジエル、ズオス、ストリウスといった幹部を用意して、レジエルは中盤の退場でしたが、ズオスは倫太郎と因縁の末に決着を迎えるとか、ストリウスは飛羽真と別の方向で物語というものを捉え、司っているので、最後の方までいるのではないかな？　など考えていった結果、ああいった最終決戦を迎えました。

1年を戦い抜いての関係性の変化

——キャラクター達の関係性も1年を通して変化していきましたが、先ほどお話にもあったように、凌牙と玲花がとても仲の良い兄妹である中、凌牙が芽依のことを意識し始めているのが面白いなと。

高橋　そうですね。なんでああなったんだろうなあ(笑)。そういう意味で言うと、ずっと妹が大事で、妹以外の他の成人女性は見てこなかったから、女性への免疫がなかったんだと思うんです。ソードオブロゴスと神代家を一番に、なんならソードオブロゴスより玲花が大事みたいな。それが突然入って来た異物の芽依に目を奪われたみたいな感じですかね。

——増刊号の芽依、倫太郎、凌牙の三角関係は面白かったですね(笑)。

高橋　あれは上掘内監督、長谷川さん、内田さんなどが広げた部分ですね。初めて女性と接して、頭をなでられ……っていう。そこから好きとまでは行かないかもしれないけれど、意識する女性が現れた、くらいのつもりで。もし、機会があったら四角関係もやりたいですね。玲花対芽依対凌牙対倫太郎みたいな(笑)。

——増刊号ですと、倫太郎と芽依はペアルックだったりもしましたが。

高橋　あれは石田監督がペアルックにしたんです。「これくらいいいだろう」って(笑)。ただ、僕としては芽依は倫太郎のことを構ってあげたいかもしれないけれど、恋愛的な意味で好きではないと思っていたんですよ。倫太郎は芽依のこと気になるかも知れないけれど、芽依は天然キャラなので、誰に対してもああいう接し方なので。なので、そういうオチにするつもりはなかったんですが、企画チームやスタッフさんでも女性陣が「倫太郎と芽依に幸せになって欲しい！」って言っていたんですよね。

——最終決戦前に倫太郎が芽依を呼び出して、「この戦いが終わったら、聞いてほしいことがあります」とも言っていましたが。

高橋　あれも相思相愛のつもりじゃなくて、倫太郎はそのつもりだけど、芽依としては心配はしてるけれど、あくまでそれは親愛の情であって、恋愛目線ではないつもりだったんです。ただ、上がった映像を観たときに、川津(明日香)さんに「これどういう気持ちで演じました?」と聞いたら「好きと思って演じました!」と返ってきたので、僕としても「そういうことなのか!」って感じになったと(笑)。でも増刊号でも言ってましたけど、芽依としては家族だし、1人だけ特別なつもりはないのかなとも思いますね。あったとしても、関係がゴールを迎えるにはちょっとストロークはなさすぎるかなと。『仮面ライダードライブ』の進ノ介と霧子の結婚のように描けるならいいけれど、テレビ版のスピード感でくっついたら、直前まで飛羽真飛羽真言ってたから、どうなのかなと。でも、石田監督は芽依と倫太郎がくっつくと思ってやっていましたね(笑)。

――みなさんそれぞれ解釈が違ったわけですね(笑)。

高橋　芽依が倫太郎に助けられた7話とかでも、ブレイズ・ファンタスティックライオンにハートマークになったりするの石田監督がやってましたからね(笑)。Vシネクストは8年後なんですが、そこのふたりは見てご確認下さい(笑)。

――当初はコロナ禍での制約との戦いもあったとのことでしたが、そんな『セイバー』を振り返られてみて、いかがですか?

高橋　多人数仮面ライダーなのに、最後までみんな生き残らせたのは、珍しいパターンだったかもしれないですね。ひとりずつ退場させていったほうが印象に残るかもとも思ったのですが、踏みとどまって初志貫徹して、最後に10人で戦うことを通した結果、割と仮面ライダーとしてはハッピーエンドに落ち着くことになったなと。今思えば、デザストと蓮が戦う43話から47話までは、長い最終章だったと思うんですよ。ライダーが2、3人の作品だと、最終編が2話くらいで終わるところを、人数が多いこともあって5話掛けてやれたのは良かったです。戦いの中でキャラクターの見せ場や、それぞれの抱く想いが表現出来たと思いますので。

――そして、最終的には本の想いが世界を救う終わり方に辿り着いて。

高橋　そうですね。飛羽真が世界を救うきっかけにはなったかもしれないけれど、みなさんが応募して下さった本に対する想いが世界を救ったという結末ができた。こういう世の中だからこその最終回ができたのは嬉しかったですよ。いろいろ大変でしたけれど、終わってみれば良かったなと。倫太郎じゃないですが、いろんな人に支えられた1年でした。

――テレビ本編はフィナーレを迎えましたが、この後はVシネクスト『仮面ライダーセイバー 深罪の三重奏』が控えております。こちらの見どころについて、最後にお聞かせいただければと。

高橋　脚本は福田(卓郎)さん、監督は上堀内さんと、『ゴースト』のスピンオフ『仮面ライダースペクター』と同じ座組なのですが、それとはちょっと毛色が違う作品になっています。最初にお話ししたように、当初は飛羽真が友達のために戦うことが世界を救うことに繋がることにしたかったけれど、最初から世界を救うとか、物語の結末は俺が決めるという方向にシフトしていったのですよね。結果的にシリーズとしては良かったのかもしれないけれど、世界を救うために戦わない飛羽真も描きたいと思ったんです。本来、そういうことは映画などで描いて、Vシネクストは主役以外のキャラクターがメインを張ることが多いですが、セイバーは単独の映画がなかったんですよ。

――冬映画(『劇場短編 仮面ライダーセイバー 不死鳥の剣士と破滅の本』)は短編で、夏映画『セイバー+ゼンカイジャー スーパーヒーロー戦記』はダブルアニバーサリーイヤーの作品になっていましたからね。

高橋　なので、今回はVシネクストにしては珍しく飛羽真が主役のお話になっています。もちろん、飛羽真と同じくらい倫太郎と賢人も戦いますけれどね。そして、必ずしもハッピーエンドではないかもしれません。それぞれが個人的なものと向き合って、結果何かが救われたように見えるという展開ですね。

――台本を拝見した限りですと、初見と2回目以降で観心地が変化する作りの作品になりそうな印象を受けました。

高橋　それはこちらの思うつぼです!(笑) 台本以上に映像は途中まで何を観ているかわからないし、仮面ライダーっぽくないんです。最後は『セイバー』らしいカタルシスがあるので、最後まで見てはじめて、こういうことか! と膝を打つのではないかと。

――ストレートに心情に訴えかける『スペクター』とはまた違う作りですね。

高橋　監督と最初、「変身しなくてもいいんじゃない?」って話をしていたくらいです。もちろん実際は仮面ライダーなので変身はするし、アクションもありますが、自分たちで物語の結末を決めるというままでのストーリーとはちょっと違う、不思議な観心地の作品になっています。一回目で「なるほど!」となり、二回観ていただいたらさらに理解が深まるし、面白い。さらに三回観ていただければ、いい作品だったな……としみじみ思ってもらえるのではないかと。Vシネクストだからこその、テレビではできない、いつもとは違うベクトルの『セイバー』を楽しんでいただければと思います!

たかはし・かずひろ：
1973年生まれ。1998年に東映に入社。平成仮面ライダーシリーズでは2009年の『仮面ライダーW』から2011年の『仮面ライダーフォーゼ』まで、プロデューサーとして参加し、2012年よりテレビ朝日へ出向。映画『白魔女学園』などのプロデュース後、2015年に東映テレビ部へと復帰。『仮面ライダーゴースト』で初のチーフプロデューサーを担当した。

最終章　―　敵として、友《ひと》として。

内藤秀一郎×古屋呂敏

［神山飛羽真／仮面ライダーセイバー役］

［ストリウス／仮面ライダーストリウス役］

ヒーローがいれば、悪もまた存在する。新たな世界の構築を企てるメギドのなかでも物語のジャンルを司る魔人・ストリウスを演じた古屋呂敏さん。最終的にはラスボスとして『セイバー』に君臨したが、ここでは内藤さんと共に互いの演技論、様々な解釈と熱いトークを繰り広げる！

取材・構成◎トヨタトモヒサ

爽やかで悪役に見えなかった

——最初の頃はあまり接点がなかったかと思いますが、お互いの印象はいかがでしたか？

古屋　最初に会ったのは、上堀内(佳寿也)監督の6話で、ストリウスがセイバーの力を封印する場面です。僕はあくまで準レギュラーだったので、秀(内藤さん)は僕のことはあまり興味なかったみたいだけど(笑)。

内藤　な〜に言ってるんですか(笑)。とんでもないことを言う!!(一同笑)

古屋　メギドに対しての愛はみなさん、なかったのかなって。

内藤　いやいやいや(笑)。

古屋　それは冗談だけど(笑)。その時も僕は変身したセイバー(浅井宏輔さん)とのお芝居だったので絡みはなかったんですけど、そこで秀が凄く真っ直ぐな瞳で挨拶をしてくれて、これから番組を背負っていく彼の気持ちが伝わってきて、僕自身、とても楽しみだなって。

——内藤さんはその際、いかがでしたか？

古屋　あんま覚えてないですよ、彼は(笑)。

内藤　全くホントに覚えてないです！(笑)

古屋　そう、彼は覚えてないんです(笑)。

内藤　……って、それは冗談返しで(笑)。「初めまして」は楽屋だったんだけど、呂敏くんの最初の印象は爽やかで綺麗な顔立ちで、すごく大人っぽい人がいるなって。正直、悪役に見えなかったんですよ。しかも兄貴肌だし。「これから1年間よろしくね」「ヒーロー側いいよな、羨ましいわ」って言ってくれるし。コミュニケーションとるのが上手い人だなって。だから不安とかはなくて。最初の方はメギド側と絡むのが少なかったけど、すぐに打ち解けることができました。

古屋　みんな言ってると思うけど、本当に秀は人懐っこいし、心の奥が綺麗で柔らかい役者さん。この性格でみんなに分け隔てなく接していたんだと思います。

——古屋さんから見れば内藤さんは主人公で、話の展開で最初はわからないですけど、内藤さんはこの人がラスボスかって印象があったんですか？

内藤　僕らの間では最初はレジエルがラスボスと言われていたような。

古屋　確かにそうだった！

内藤　で、ストリウスが二番目に死ぬって噂が流れてたじゃないですか。ですよね？

古屋　メギド側の僕ら3人も、「誰が最初に死ぬんだろうね」「華々しく散ろうね」って話をずっとしてたんですけど(笑)。

——みんなで死ぬ話をしていると。

古屋　そうなんです。僕たちメギドは誰がラスボスになるかなんて全く考えてなかったです。そういう意味では、僕は秀とか他のライダーの子たちともがっつり絡んだのは後半になってからだったので…。

内藤　僕も他に新しいキャラクターでラスボスが出るのかと思ってたんですけど、レジエルの(高野)海琉くんが「僕、ラスボスっすよ」みたいなことを言い出してからラスボスは意識するようになって。でもちょっとラスボス＝レジエルには違和感があって。自分の中ではストリウスの方が危なっかしいし、危険なにおい漂ってるし、強さもまだ未知数だし、(ラスボスは)ストリウスなんじゃないかなぁって。レジエルでも想像はつくんですけど。

古屋　最初は確かレジエルの方が飛羽真に対してキャラクターとして熱量が強かったので、そういうのもわからず最初は進んでましたね。

——撮影も別々のことが多かったと思いますが、そうなるとオンエアを見てお互いのことを知る感じでしたか？

内藤　そうですね。普段キャスト同士で話している際は、悪役感ゼロなので、闇の部分を見るのはテレビでした。ちょっと余談ですけど、楽屋で彼はいつも頭に何か(ストリウスのエクステを傷めない為のカバーのこと)を付けていたんです。それがオンエアを観たらエクステで。撮影してない時は外してるんで、知らなかった。

古屋　最初は乱れないようにアルミホイルでカバーしていたけど、寒かったり、風が強かったりするから、段々進化して行って(笑)。

内藤　変わってたんですか？(笑)

古屋　実は四段階くらいあって、今日のが最終形態(笑)。可愛いぱっちん留めで押さえてて、現場では、それでいじってもらえるのがまた面白かったりして。

——今初めて知ることもあるんですね(笑)。逆に古屋さんはライダー側の現場を知らないわけですよね。

古屋　そうなんですよ、ライダー側の誰と誰がどういった間柄なのか、とか全く知らないです(笑)。そこは遠慮もしてたんです。もしラスボスになった時に、僕自身は人は好きなので、仲良くなってしまうとどこかで気が緩んでしまいそうで、それが画に出てほしくなかったんですよね。なので僕は勝手ながら、例えば撮影終わりで一緒に帰るとか一切やらなかったです。正直嫌だったので。実はまだみんなとちゃんと話していないので、今日の撮影もみんなからすると違和感なんだろうし、僕からしてもまだある種違和感がある。ようやく終わってから、秀とかともプライベートの話だったり、一役者として話すタイミングがくるんだろうなとは思っています。

内藤　でも、僕は逆にそんな呂敏くんを知っていたので違和感とかなかったですよ。めちゃくちゃ真面目なんですよ、彼。46話でもお互い気合い入ってて「頑張ろうな」とか、言葉を交わすのはそのくらいで。僕は現場でもう少し話すのかなって思ってたんですけど呂敏くんのスイッチの入り方がすごくて。現場では仲良しじゃないんだよって雰囲気を作ってくれてたのが呂敏くんで、だから最後にやる時もすごくやりやすかったです。彼のおかげで僕も気が緩むようなことは一切なかったです。

古屋　それこそ面白いのが46話、ストリウスと飛羽真が長めに対話していたところがあったんですけど、前日に東映公式ＹｏｕＴｕｂｅの収録をしていたんです。一日中、楽しく撮影したのですが、僕としては頭のどこかでずっと、次の日あのシーンの撮影があるって思っていたので、ＹｏｕＴｕｂｅ収

自分の中ではストリウスの方が危なっかしいし、危険なにおい漂ってるし。(内藤)

タッセルやソロモンの物語の重みや苦悩とかも自分が背負っていくんだって。(古屋)

録を終えて、帰りのバスで一気にピリッとした記憶があるんですよね。その時に秀も「あ、明日のためにスイッチ入れよう」って空気を感じ取れたので、ゾクゾクしましたし、僕自身も秀にスイッチを入れてもらいました。

内藤　リードしてくれました、呂敏くんが。

声変わりの秘密

――ストリウスはマスターロゴスを倒した後でキャラや声のテンションが一変しましたが、あの辺りの役作りはご自分のアイデアだったんですか？

古屋　そうですね、こうしたいという部分は演出の監督ないし皆さんにアドバイスいただきながらですけど、変化はさせたいと。まあ、賛否はあると思うんですけど、声が聞き取りづらいとか(笑)。でも僕としては、あそこの声を変えるというのは、実はとてつもなく意味があって。まだ誰にも言ってないですけど、タッセルとズオス、レジエルと話す時は声が戻るんですよ。そのシーンだけ。で、飛羽真たちと戦う時にはあの声に。あれはストリウスとしては意識的にやってるわけじゃなくて、無意識なんです。まず声が変わってしまう。声が掠れて苦しそうになるのは、全知全能の書を終わらせに行くってことが、本を読み進めていって終わりに近づくにつれて、文字って少なくなっていく……あの感じにも似てるのかなって。ストリウスからどんどん言葉が失われていってるんじゃないか。終わりに近づくにつれて自分も滅ぶことを求めているので、どんどん彼は苦しくなっていくのじゃないかと僕は思いました。なので喋ることすら、そこにいることすら苦しいんじゃないかなって想いで、そこは声を変えさせていただきました。同時に、タッセルとソロモンを自分の手で殺めたって部分に対して、これがもう物語の世界で、彼らの物語ですら自分に取り込んでしまう、自分もその重みだったり苦悩とかも背負っていくんだって。僕はああいう形で露骨にみえていいものだと思ったので石田監督の時、変身した時にこうやりたいですと相談させてもらって。ストリウスの枯渇していく想いだったり言葉ってものを表現したかったんです。

内藤　オンエアを観て「なんで声を変えたのかな？」と思ってたけど、今初めて知りましたよ。

古屋　うん、初めて言ったからね。

内藤　納得しました。そっか、ストリウスはやっぱり苦しかったんだ……。

古屋　二千年前の想いに触れられるというかその時の気持ちになれるのはタッセルと話す時だったり、ズオスとレジエル一緒の時なんですよね。だからその時はストリウスの心は潤うんですよね。枯渇している心が寂れる瞬間って苦しくなるんですよね。「のど飴あげろ」「苦しそうに見える」って言われるんですけど、実際あの状態でいるのは苦しかったです。単にラスボスだから声を変えたというわけではないんです。オープニングソングに「仮面に隠れた涙を見せずに」って歌詞があるんですけどストリウスのこれって涙だと思っているので。怪人態も泣いているような顔をしてるんですね、ピエロみたいな。ストリウスが仮面ライダーになった理由は、どこかで自分のそういう泣き顔だったり、悲しい想いに蓋をしたかったのかなって勝手に解釈とかもして。

――ストリウスは怪人態もありますが、44話ではその仮面ライダーストリウスも登場しましたね。

内藤　『セイバー』の中で一番カッコいい変身の仕方をするって。

古屋　いや、そこまで言ってない(笑)。

内藤　ごめん(笑)。

古屋　最初、「ライダーに変身する」と聞いたときは、ちょっと動揺しました。自分はずっと怪人態で仮面ライダーに変身するとは一切思ってなかったので。ブログにも書いたんですけどそこには喜びと悲しさがあって。怪人態でしか伝えられない事、怪人態だからこそ物語として仮面ライダーセイバーとの一つの対比が出来ると思っていて、愛情持って一年間やるって自分で決めて、怪人でも魅力的になれるのかを考えてたので……。変身してしまうと怪人態には戻れないんだろうなって思うと、どこか切ない気持ちになりましたね。とはいえ、ライダーのみんなと同じようにライドブックを持てたのは嬉しかったですけどね。

――ワンダーライドブックを手にしての変身シーンの撮影はいかがでしたか？

古屋　44話のときは、気持ちがフワフワしてましたね(笑)。ワンダーライドブックの扱いも秀たちはパンパンパン！と慣れた手つきでやってますけど、僕はもう何テイクもやりました。あれ、上手く開くのが難しいんですよ。

――内藤さんはずっとやってたわけですけど、ブックを開くコツとかあるんですか？

内藤　コツ、今言うんですか？(笑)　彼の話を聞いてて、僕も毎回思うことあったなって。ワンダーライドブックもいつも同じじゃなくて、僕の場合種類がいっぱいあったので、最後のやつ持ったり、最後に一番最初のやつ持ったり、それぞれに思い入れがあったので。

古屋　ストリウスを倒したときのブックはなんだっけ？

内藤　ワンダーオールマイティだけど、ライダーとしてはブレイブドラゴン。

古屋　ストリウスとの最終決戦で「実はこのフォームが良かったな」みたいなのはあるんですか？　インタビュアーみたいになっちゃってスミマセン(笑)。

内藤　(笑)　でもやっぱり、最後は初期フォームがいいなとずっと思っていて。

古屋　じゃあ、結果オーライだったんだ。良かった！　いいね！

内藤　どのフォームも好きだけど、思い入れの深さで言えばやっぱりブレイブドラゴン。そうだ、ワンダーライドブックのコツを教えてあげようか？

古屋　教えて、教えて(笑)。

内藤　ノールックのコツなんですけど。

古屋　おー！　ノールック!!

そのシーンが一番人間ぽくて好きでした、呂敏くんの表情が。(内藤)

内藤　まぁ、あてがってからガチャンって入れるじゃないですか。
古屋　うん、あてがうよね(笑)。
内藤　1年やってると、感覚で分かるんですよ、「上手くあてがったな」って。
古屋　へー、モノにしてるね!
内藤　で、ハマらなかったときも、分かるんですよ。「ちょっと違う位置に行っちゃったな」って。
古屋　へ～。
内藤　だから、コツは経験です!(笑)
古屋　無理じゃん!　俺、二回しか変身してないし!(笑)
内藤　だから無理なの(笑)。俺も一回しか成功してないし。
古屋　今のくだり返せよっ!(一同笑)。
――(笑)　せっかくこういう形で対談なんでお互いの、この場面すごいよかったとかありますか?
古屋　良いシーンといえば、やっぱり46話の飛羽真が上がってきて、自分の目を見て言う台詞にはすごい思い入れがありますし、あの瞬間の神山飛羽真とストリウスっていうのは、内藤秀一郎と、古屋呂敏がやったからあの空気だったんだなって、僕は思います。だからすごく感謝してますし、あのシーンの秀の息遣いだったり、間だったり、言葉というものに対して想いを込めてくれたことが僕としては本当に大きかったし、そのシーンを見た時もその時の気持ちが蘇りますね。秀の目が一番綺麗だなって思った瞬間でしたね。
――内藤さん、逆にいかがですか?　古屋さんのお芝居を見ていて。
内藤　呂敏くんが言った通り、そのシーン一番人間ぽかったんで好きだったんですよ、呂敏くんの表情が。ストリウスのことを倒そうじゃなくて救ってあげようって思うようになってから相手の表情よく見るようになって、呂敏くんの顔を見た時、恐怖だったり、悔しさだったり、焦りだったり、全部あって。だから飛羽真はストリウスの言葉を聞いてあげることが出来たし、救ってあげようとも思えたので、その感情をお互いが出せたのは最後だから。力は入ってたし、集大成だったし、あのシーン大好きなんですよ。あ、あと個人的に、呂敏くんのアクションが好きで……。
古屋　おー!　15章の坂本監督だ!
内藤　そうそう。レジエル、ズオス、ストリウスの、それぞれのアクションシーンがあって、みんなめちゃくちゃカッコよかったんですよ!　ズオスとか、あの人アクロバティックですごいってなったんですけど、僕個人的にはストリウスのそつなくこなす感じがすごい好きで!
古屋　嬉しいですねー!
内藤　なんかそこでも思ったんですよ。最後戦うのこの人なんじゃないかなって。
――だいぶ前から意識されてたんですか?
内藤　やっぱりお話進むと考えちゃうんですよね、誰と最後戦うのかなって。
――アクションはやってみていかがでしたか?
古屋　そうですね、あれはもうアクション部の皆さんのご指導のもとでやったので、僕はストリウスらしさをどうやって出せるかなって、必死でした。一回テストで僕のエクステが根こそぎ持っていかれて、ハゲるなって(笑)。
内藤　そんな勢いで持ってかれたの!?(笑)
古屋　唯一、この一年間でエクステが引きちぎられたのがそのシーンだった(笑)。
内藤　しょっちゅう引きちぎられてもおかしくない長さがあるからね。
古屋　よく切られなかったよね、誰にも(笑)。剣斬とかに切られるんじゃないかなって思ってたんだけど、無事に今日を迎えられました(笑)。

飛羽真とストリウスの集大成

――先ほど一度話題に出ましたが、改めて最終決戦の撮影時のエピソードをうかがえればと思います。
内藤　あの時は……カットかかった後も、ずっと呂敏くんというかストリウスを見ちゃってて。最終決戦の時は睨み合ってたんで、めっちゃ疲れましたね
――一日中?
内藤　一日中、ピリピリで。
古屋　それまでのストリウスって物語に干渉してこなかったじゃないですか。『セイバー』の世界では決して目立つ存在ではなかったけど、最終的に飛羽真と対になって思いを込めて演じる場面をいただけて、そこは楽しかった、というのが率直な感想です。
――お互い対峙するシーンは台詞も長いですけど、印象的な台詞はありますか?
古屋　すごい考えたというか、自分の中で妄想はすごくしました。台本で書かれている以外のところも大事にしたいって僕はずっと思ってたので、二千年間、美しい終焉って色んな概念をもって……ごめんね、自分の話ばっかりして。大丈夫?　寝てていいからね(笑)。
内藤　いやいや、楽しいです(笑)。
古屋　美しい終焉って概念をどこにおくか、それをいかに飛羽真と対にできるのかってところをすごく考えたんですよね。46話で「全て物語の中に囚われていた」…つまりストリウスからすると、たとえばゲームをした時にCPUのキャラクターなんかは決められた言葉しか言わないじゃないですか。あれと同じなんですよね。それを知った上でそのゲームの中に生きているってことは、一個一個のキャラクターに対して可能性も希望も何も感じない。ずっと無機質な世界にいる。その中で「美しい終焉」っていうのは、そこから解放されることなんだなって。僕からすると飛羽真もその世界で生きている1人なので、彼が死ねば、それは彼を救うことにもなるし。僕からするとズオスとレジエルが死んだとき、一切助けなかったので、それが彼らの解放に繋がった、彼らの心が救われたと思う、そこが美しいと思う瞬間だったので、とても冷たい表情とかもしたんですけど……何が言いたいのか上手くまとまらなくなってきた(笑)。
――とてもいい話をされてますよ。

古屋　ただ思ったのが、ストリウスって役は誰しもがなりえた、誰しもが感じえた「絶望」なんですよね。賢人も一回闇堕ちしたじゃないですか。彼は世界の終わりを見たんですけど、世界がそういうルールにのっとって終わってるってことは知らないんですよね。でも賢人があの段階でもし「これが全部決められたことだった。終わりがこうなるんだじゃなくて、終わりですらすべて何かの物語の本の中だった」って感じてたら、賢人がラスボスだったかもしれない。だから、ストリウスってある意味ラスボスではなくて、セイバーって世界がラスボスなんですよね、僕の認識で言うと。だからそこの難しさって意味では、僕は飛羽真と戦っていながら飛羽真と戦ってなかったです。

——世界の仕組みと戦うような？

古屋　そうですね。仕組みと戦ってたんですよね。ただ単純にプロセスが違うだけで、実は同じものと戦ってる。ある種、飛羽真たちと協定もできただろうなってところもありますし。飛羽真だったら「いや、じゃあ、その本なんて燃やしちゃうよ。僕が新しい本を書くよ」ってストリウスに言ってたかもしれない。それをストリウスが信じたら、ストリウスもあんな風にはならなかったし……というか、「人間」なんですよね、ストリウスは。飛羽真のあの長台詞の日、最後全部撮影が終わった後言ったんですよ。「呂敏くん、ストリウス見てたら可哀想になりました」って。僕、めちゃくちゃ言ってるんですよ「神山飛羽真〜!!!」って。でも怒りもかなりぶつけてるけど、46話のシーンで飛羽真が柔らかい表情を見せた瞬間って、あれは同情だと思ったときに「わー、ストリウスって飛羽真に見てもらえたじゃん」って……救われた瞬間ではあったなって。

——ストリウスはその気持ちを誰とも共有してこなかったのでしょうか？

古屋　僕の考え方ですけど、ストリウスはそれを誰にも共有できなかったので。弱音吐いても「そんなことないよ」って言われていた中で寄り添ってもらえた瞬間……二千年で初めて同情されるという。そういう表情があったからこそ…まあ、タッセルさんは知ってるし同情してくれたけど。でも対になってる相手(飛羽真)から言われるってことはとてつもなく大きいことだったんだなと……そういう意味でも僕の印象的なシーンです。ストリウスやるとすごく泣きたくなるんですよ。終わってから思ったんですけど、すごく可哀想だし。なので飛羽真には救われました。秀が役としてかけてくれた言葉もすごい腑に落ちたし、とても嬉しかったですね。

——内藤さんはそんなストリウスに対してどのような考えがありましたか？

内藤　最終決戦の時に、さっきも呂敏くんが言ったように、ストリウスは「セイバーの世界」と戦ってるんだなって思ってて。その時の感情は僕も正直現場に行ってからじゃないと多分わからないなって思って、ストリウスがどう考えてるとか、呂敏くんが考えてきたこととか。多分話しても違う気がするから、お互いの芝居見ながら感じたままで行こうって思って。最初は、ストリウスは世界を終わらせようとしてるから、もう止める気でいました。殺す気はなかったんですけど。飛羽真ってそういう人間じゃないし、すべて救おうとする人間だから。でも強い気持ちでぶつかりにいったときに、呂敏くんが……というかストリウスですが、彼が焦っているように見えて。この世界に対して怯えているようにしか見えなくて、「じゃあ俺が助けなきゃな」って。倒さなきゃっていうよりも救わなきゃなって。ストリウスが俺に言う「物語の中の一部でしかない。だからお前がやってきたこと、お前が書いてる物語に意味はない」みたいな台詞があったじゃないですか。それが飛羽真に、というより内藤秀一郎にダメージがきて。もしかしたら自分の生きている世界も誰かが作ったものなんじゃって思っちゃって。そこで自分も焦ったし、でもその気持ちのまま戦ってたら、戦いでは勝つけど中身で負けちゃうなって思って。その後も呂敏くんの芝居ずっと見てて、さっきも話に出た通り可哀想に見えてきちゃって。自分から見たら二千年もずっとそういう想いで生きてきた人を自分で救えないんじゃないかなって悲しくなってきちゃって、どんどん。最後の方はなんとかしてあげようじゃなくて、自分はというか飛羽真は「助けたい！」って思う人間なのに……なんて言ったらいいんだろう……。

古屋　難しいよね、ほんとに。ストリウスと飛羽真って、いろんな想像できるし、誰しもがどちらにも共感できる。最初、ラスボスやるときは、誰しもが嫌悪感を抱いたり、嫌な思いをもってて、そのラスボスが倒された時に、みんなが「ヒーローカッコいい！」と思えるラスボスでいなければって。それがラスボスだ、ってある種の固定概念が強かったんです。でもいただいた台本のストリウスはその考えとは少し違ってて、自分は寧ろストリウスのほうに同情してしまっている……自分は彼をラスボスとして成立させられるんだろうかって、実は自分の中でずっと答え探しをしてたんですけど。その答えを、最後に飛羽真が見せてくれたなって感じでした。

内藤　僕…というか飛羽真もはっきり何を言ったわけじゃなくて、たぶん絶望だってしてる、けど神山飛羽真はなぜ物語を書くかっていうと、ただシンプルに「本が好きだからなんだよ。それだけなんだ」って、うーん、……ただ言ったっていうだけで。そこに人間味があるなって僕は思ったんですよね。

古屋　逆にさ、ストリウスではなく、小説家・神山飛羽真が偶然全知全能の書を見てしまってた場合、彼はどんな答えを見つけたと思う？

内藤　終わりがこうだって、全部知っちゃたってことですよね？

古屋　どこまで全知全能の書に書いてあるのか、すごいいろいろ仮説がたてられると思うんですよね。全知全能の書ってどこまで書いてあるんですかね!?（笑）　ストリウスってクリエーターとしての概念がとても強い印象があって、「自分がどこまで何をつくれたか」ってところに話の重きをおいているでしょう？　それに対して飛羽真の言葉は「作ったものはなんであれ、それを見て感じた人の表情が大事だ」ってアンサーになってるんですよね。でも、その人たちの表情や反応ですら全知全能の書に書いてあった場合、

仮面ライダーセイバーというのは本当に小説のような物語だなと思いました。(古屋)

どうなんだろう。その感動すら、全知全能の書にあった場合、自分はモノ作りをする必要はあるのかどうかってなると、ないってなる気もして…。これ難しくてあちこちでみんな感想言いあってる気がするんですけど……どうなんですか神山先生!(笑)

内藤　神山先生!?　ええ……ちょっと難しくないですか!?(笑)　でも、俺も考えたことがあるんですけど……。

古屋　セイバーのストーリーってめちゃくちゃ話せるものが沢山あって……お酒飲みながら語りたい(笑)。

内藤　最後の戦いをする前、僕がストリウスの立場だったらどうするんだろうなって考えて、……でも結局わかんなかったんです。「なんだろう、どうするんだろう、……もし俺なら……」になっちゃうんですよね。

――飛羽真じゃなくて内藤さんとして考えてしまうと。

古屋　ひとつは、それでもその世界を受け入れて書き続けるっていうのもありますよね。ソロモンってそうじゃないですか。「まあいいでしょう」って。それってある種ポジティブで、何が起きても目の前の自分の感情だったりを、それがレールの上だったとしても大切にするって。なかなか答え出ないですけど。

内藤　自分が想像する物語とか、いくら考えても全部載ってるわけですもんね。

古屋　仮面ライダーセイバーというのは、本当に小説のような物語だなと思いました。それは、見ている人がどこまでも想像できる余白が沢山ある。例えば、ストリウスは二千年間何を思ったか、どういう生い立ちがあったか、神山飛羽真もそうなんですけど、余白が多くある分自由だし、そこが個人的には面白いって思ってるんだけど。

内藤　いや〜、ずっと考えちゃう気がする、ストリウスのせいで。勘弁してくださいよ(笑)。内藤秀一郎として考えたら、その全知全能の書を読んだところで全部覚えているわけじゃないだろうし、また自分で物語作って、読んだり聞いたりしてくれて楽しんでる人達の反応を見るんだろうなって。そういうのが好きだから。「でも、それも書いてあるから」…って言われるのかな。

――「書いてあってもいいじゃん」って発想も?

古屋　確かに、その考え方も全然あると思うんですよ、僕は。

内藤　そう!　そっち派なんですよ、飛羽真は。「でも、物語を作るその過程が楽しいから!」って。で、ずっと物語を書き続けるかな、飛羽真なら。

心に光を灯すような作品

――最終回のエピローグでは、始まりの5人として対面する場面がありました。

内藤　一番最初に思ったのは、ストリウスに普通の声で普通に話しかけられて「よかった」って安心しました。あそこの台詞ちょっと変えたんですよ、「だから、俺はただの小説家です」って。飛羽真らしく今までストリウスが背負ってきたものを重くさせないように、ちょっとだけニュアンス変えようと思って。ストリウスのこと、救えたとまで思ってないですけど、飛羽真っぽく仲直りのニュアンスにしたかったので。

古屋　最後のシーンですよね、「やはりあなたは私の英雄だ」って。あそこ僕NG結構出してるんですよ(苦笑)。NGの理由としては、ストリウスがあそこまでしたのに、なにごともなく飛羽真に話しかけていいんだろうかって。僕はあの瞬間、謝りたかったんですけど「ごめん」って。「ごめん」じゃすまないくらいの状況なんですけど。ずっとガッシャガシャのストリウスでやってきた後に、笑顔で飛羽真に声を掛けるのが下手くそ過ぎて(笑)。でもあのシーンのおかげで、ストリウスは二千年の苦しみから解放されたわけですから、嬉しかっただろうし、ズオス、レジエルが横にいて、僕はストリウスとしてめちゃめちゃ嬉しかったですね。一つの区切りとして腑に落ちた瞬間でした。

――ああいった形で決着がついて、内藤さんはいかがですか?

内藤　最後、バハトに「お前のいる世界はここじゃないだろう?」と言われた時に、正直何とも思わなかったんですよ、「そうなのかな?」って。

古屋　おい!(笑)

内藤　いや、それはいい意味で。自分が、ワンダーワールドにいてもいなくても、現実世界にいてもいなくても、どっちか決める必要はないだろうってずっと思ってて。飛羽真だったら、どっちの世界にいても物語を作れるし。でも、自分がヒーローってことで考えると、神山飛羽真がしないといけないのは小説家としてみんなに物語を届けるってことなのかなって。ワンダーワールドにいるんじゃなくて現実世界に戻って、みんなに物語を届けて、みんなを笑顔にすることなのかなって。

古屋　なるほどね。

内藤　そこは疑問だったんですよ。飛羽真はワンダーワールドに1年いて、家族を亡くした人を救うために物語を書き換えていて、その役目を終えてから帰還したわけですが、元の世界に戻った理由を知りたくて。自分の解釈では、ヒーローとして子どもたちや、自分の周囲に飛羽真自身の物語を読んでもらうことが大切だから帰って来たのかなって。そう思えたら、すごく納得できたんですよね。

古屋　『セイバー』という物語が、最後ハッピーエンドで終われたのは本当に良かったと思います。今、世界中の人がコロナ禍で、苦しい思いを強いられているけど、セイバーを観ている人たちが、少しでもほっとしたり出来ていたらいいなと。心に光が灯るような作品で、本当によかったなって僕は思ってます。俳優としても「僕たちキャスト一同、頑張りました」と胸を張って言えるし、特に秀は1年間、本当に頑張ったと思います。その対となる相手として、自分が選ばれ、「神山飛羽真」と「ストリウス」という役柄を通じて言葉を交わすことができて、僕自身、本当に幸せでした。

ふるや・ろびん
1990年6月2日生まれ。京都府出身。
俳優のみならず、映像クリエイター ROBIN FURUYA としても活動。2014年から俳優としても活躍。テレビドラマ「シャーロック」「ランチ合コン探偵～恋とグルメと謎解きと～」などを経て、『仮面ライダーセイバー』ではラスボスとなるストリウス／仮面ライダーストリウス役を演じた。

……and happy ever after.

「物語の結末は、俺たちが決める」

仮面ライダーセイバー
Bungo×Kengo book 物語を紡ぐ手

発行日　2021年10月15日　第1刷発行

発行者　太田歳子
発行所　株式会社リブレ
〒162-0825 東京都新宿区神楽坂6-46　ローベル神楽坂ビル
電話03-3235-7405(営業)　03-3235-0317(編集)
FAX 03-3235-0342(営業)

印刷所　三共グラフィック株式会社
装丁・本文デザイン　福山恵子(move on)
カメラマン　遠山高広(MONSTERS)
ライター　齋藤貴義／トヨタトモヒサ／山田幸彦
メイク　田中梨沙／堀 奈津子／此池祥子
（ザフェイスメイクオフィス）
衣裳　栗田侑子(東京衣裳)
衣裳スタイリスト　村瀬昌広
小道具　森本友菜(東京美工)
キャラクター管理　中村 豊
（株式会社東映テレビ・プロダクション）

カバー裏　浅井宏輔(JAE)
・・・
協力
株式会社エイジアプロモーション／株式会社スターダストプロモーション／エイベックス・AY・ファクトリー合同会社／株式会社生島企画室／株式会社バーニングプロダクション／株式会社CAJ業務提携先：株式会社鈍牛倶楽部／株式会社研音／株式会社ゼロイチファミリア／BLUE LABEL／株式会社 アミューズ
株式会社ジャパンアクションエンタープライズ

プロデューサー　土井健生／湊 陽祐(東映株式会社)
・・・

監修　東映株式会社
監修協力　紀野良輔／土井健生(東映株式会社)
取材協力　平林京子／脇山由子
（株式会社東映テレビ・プロダクション）

編集協力　高木晃彦(noNPolicy)
企画・編集　リブレ編集部

Printed in Japan
ISBN 978-4-7997-5491-7

CONTENTS

「仮面ライダーセイバー Bungo×Kengo book 物語を紡ぐ手」をお買い上げいただきありがとうございます。
この本を読んでのご意見、ご感想など上記住所「編集部」宛までお寄せください。

リブレ公式サイトで、本書のアンケートを受け付けております。
サイトにアクセスし、TOPページの「アンケート」から該当アンケートを選択してください。
ご協力お待ちしております。

「リブレ公式サイト」
http://libre-inc.co.jp